Richard W. Southern

Das Islambild des Mittelalters

Verlag W. Kohlhammer
Stuttgart Berlin Köln Mainz

Für
Richard Hunt

Umschlagbild: Sokrates und seine Schüler.
»Muḫtār al-ḥikām wa-maḥāsīn al-kalim«
(»Die auserlesensten Wahrheitssprüche und schönsten Reden«)
von al-Mubaššir, Syrien, Anfang 13. Jahrhundert.
Aus: Mazhar Ş. Ipşiroglu, Meisterwerke islamischer Kunst.
Gemälde und Miniaturen im Topkapı-Museum in Istanbul, Bild 3.

Vom Verfasser autorisierte Übersetzung
aus dem englischen Original von Dr. Sylvia Höfer.

CIP-Kurztitelaufnahme der Deutschen Bibliothek

CIP-Kurztitelaufnahme der Deutschen Bibliothek
Southern, Richard, W.:
Das Islambild des Mittelalters / Richard W. Southern.
Stuttgart; Berlin; Köln; Mainz: Kohlhammer, 1981.
ISBN 3-17-007120-3

Harvard University Press

Stuttgart Berlin Köln Mainz
Verlagsort: Stuttgart
Umschlag: hace
Gesamtherstellung:
W. Kohlhammer Druckerei GmbH + Co. Stuttgart
Printed in Germany

Inhalt

Vorwort

Die Einladung, im April dieses Jahres drei Vorträge an der Harvard University zu halten, gab mir den Anstoß, einige Gedanken zum Problem des Islam zu formulieren, wie es während des Mittelalters im westlichen Europa gesehen wurde. Ich habe diese Gelegenheit sehr gerne ergriffen und schulde dem History Department, und dort vor allem Professor Robert L. Wolff, meinen Dank für die Einladung und für viele andere Gefälligkeiten. Sehr behilflich waren mir die Islamwissenschaftler in Oxford, insbesondere Dr. R. R. Walzer und Dr. S. M. Stern. Ich hätte ein so umfassendes und verwirrendes Thema nicht in Angriff genommen, hätte nicht Dr. N. Daniel einen großen Teil davon in seinem gelehrten Werk *Islam and the West: The Making of an Image* behandelt. Ich gebe nicht vor, der Gelehrsamkeit dieser Islamforscher nachzueifern. Aber ich habe versucht, den Islam der wechselnden Szene des christlichen Abendlandes gegenüberzustellen und die Hoffnungen und Ängste wiederaufleben zu lassen, die dadurch geweckt wurden. Diese Erfahrung ist für uns heute nicht ohne Bedeutung.

Oxford, 5. Mai 1961 *R. W. Southern*

Bei der (englischen) Neuauflage habe ich die Gelegenheit genutzt, einige Fehler und Unklarheiten im Text zu berichtigen und am Ende des Buches Hinweise auf Werke anzufügen, die in jüngerer Zeit erschienen sind und die sich mit einigen der auf diesen Seiten erörterten Themen befassen.

Oxford, 5. Januar 1978 *R. W. Southern*

A. Das Zeitalter der Unwissenheit

I.

Das von mir gewählte Thema verdient, so denke ich, unsere Aufmerksamkeit aus verschiedenen Gründen. Zunächst einmal sind wir bei der Erforschung der Geschichte des Mittelalters an einem Punkt angelangt, wo es sehr wichtig ist, unsere Aufmerksamkeit den Gemeinschaften außerhalb Westeuropas zuzuwenden, und zwar insbesondere jenen, die die Entwicklung des Abendlandes mitgestalteten. Selbstverständlich ist das kein neuer Gedanke. Aber diese Idee muß nicht nur gegen große innere Schwierigkeiten ankämpfen, sondern auch gegen die konservative Grundhaltung einer fest eingefahrenen akademischen Routine. Was nun den Islam anbelangt, so sind seine Beziehungen zur Christenheit des Mittelalters erst seit ganz kurzer Zeit Gegenstand ernsthafter Studien. Wohl hatte der französische Gelehrte Ernest Renan vor über hundert Jahren den richtigen Weg gewiesen, und zwar in einem der scharfsinnigsten und originellsten Werke, das die neue historische Bewegung seiner Zeit hervorbrachte – ich meine sein Buch über Averroes und den Averroismus [1]. Doch seinem Beispiel folgte niemand. Die großen Historiker des ausgehenden neunzehnten und des frühen zwanzigsten Jahrhunderts widmeten sich in erster Linie der gesellschaftlichen, rechtlichen und politischen Entwicklung der europäischen Länder. Erst in den Jahren zwischen den beiden Weltkriegen bemühte man sich ernsthaft, den Beitrag, den der Islam zur Entwicklung des westeuropäischen Denkens leistete, sowie die Auswirkungen, die die Nachbarschaft zum Islam auf die westliche Gesellschaft hatte [2], zu verstehen. Seit jener Zeit, und vor allem seit 1945, sind bedeutende Fortschritte zu verzeichnen. Es ist wohl sinnvoll, das ganze Gebiet, wie es sich jetzt darstellt, generell hervorzuheben. Dabei wird rasch deutlich werden, daß es immer noch viele unausgeleuchtete Ecken und einige Themen gibt, die bislang kaum berührt wurden, auch wenn ein Teil dieser Dunkelheit auf meine eigene Unwissenheit zurückzuführen sein kann und nicht auf den unvollkommenen Stand der Wissenschaft.

Es gibt einen zweiten, weniger akademischen Grund, unsere Aufmerksamkeit dem Thema zu diesem Zeitpunkt zuzuwenden. Das größte praktische Problem unserer Zeit besteht darin, unvereinbare und großenteils feindliche Denksysteme, Moral- und Glaubensvorstellungen nebeneinanderzustellen, wie sie durch politische Mächte von eindrucksvoller, um nicht zu sagen furchteinflößender Größe verkörpert werden. Wir reden manchmal so, als wenn das ein neues Problem wäre, und für die moderne Welt ist es sicherlich neu. Das westliche Gefühl, in jedem Bereich von Leistung und Errungenschaft überlegen zu sein, ist dreihundert Jahre lang kaum herausgefordert worden. Es wurde ein Bestandteil unseres Erbes, das aufzugeben oder zurechtzurücken sehr schmerzhaft ist. Aber das westliche Europa durchlebte vor mehr als tausend Jahren genau diese schmerzhafte Erfahrung, und das ganze Mittelalter hindurch lebte es damit als einer mehr oder minder ständigen Bedrohung seiner Selbstzufriedenheit. Für die Christenheit des Mittelalters war die Existenz des Islam das folgenschwerste Problem – und das wahrscheinlich auf jeder Ebene der Lebenspraxis. Als praktisches Problem erforderte es Taten und eine Unterscheidung zwischen den konkurrierenden Möglichkeiten von Kreuzzug, Bekehrung, Koexistenz und Handelsaustausch. Als theologisches Problem verlangte es hartnäckig nach einer Klärung des Geheimnisses seiner Existenz: Welche Rolle in der Geschichte hatte die Vorsehung ihm zugedacht? Handelte es sich um ein Anzeichen für die letzten Tage der Welt oder um eine Stufe in der Entwicklung des Christentums? Um eine Häresie, ein Schisma oder eine neue Religion? Um Menschen- oder Teufelswerk? Um eine obszöne Parodie auf das Christentum oder um ein Denksystem, das mit Achtung behandelt zu werden verdiente? Es war schwer, unter diesen Möglichkeiten eine Entscheidung zu treffen. Aber ehe man sich entschied, mußte man die Tatsachen kennen, und diese waren nicht leicht zu erfahren. So entstand ein historisches Problem, das ohne sprachliche und literarische Kenntnisse nicht gelöst werden konnte, ja, dem man sich kaum anzunähern vermochte. Aber diese Kenntnisse konnten nur schwer erworben werden, und durch Heimlichkeit, Vorurteile und den starken Wunsch, aus Furcht vor einer Ansteckung in Unwissenheit zu verharren, wurde es noch schwerer.

Mit einem Wort, mittelalterliche Gelehrte und Männer des öffentlichen Lebens setzten sich mit all den Problemen auseinander, die wir in einem anderen Zusammenhang kennen. Sie stellten oft dieselben Fragen, die wir stellen, und wir können aus ihren Versäumnissen etwas lernen. Was wir vom Mittelalter nicht erwarten können, ist der Geist objektiven und akademischen oder menschlichen Forschens, der in den letzten hundert Jahren die Islamwissenschaft weitgehend gekennzeichnet hat, ob wir nun an die heroischen Reisen Doughtys oder an die leidenschaftliche Prosa Carlyles denken. Dieser Geist der Unparteilichkeit war einer Überlegenheit und der Überzeugung entsprungen, es sei nichts zu befürchten. Daher erklärt sich auch das unbeschwerte Wohlwollen und der Respekt. Für den mittelalterlichen Beobachter aber stand zuviel auf dem Spiel, um für eine derartige Toleranz einen Freiraum zu haben. Das erinnert mich an eine Passage in der Biographie Samuel Johnsons, wo ein gewisser Mr. Murray die alten Philosophen für die Offenheit und den Gleichmut lobte, den sie bei ihren philosophischen Streitgesprächen walten ließen, und Johnson erwiderte ihm darauf:

> Sie konnten gleichmütig miteinander streiten, weil es ihnen mit ihrem Glauben nicht Ernst war [...] Wenn einer nichts zu verlieren hat, kann er wohl dem Gegner gelassen entgegentreten [...] Man kann gar nicht anders als aufgebracht werden gegen jemand, der einer Ansicht widerspricht, auf die man selber Wert legt. Wer meinen Glauben angreift, nimmt mir immer etwas von meinem Selbstvertrauen und infolgedessen von meiner Gemütsruhe. Wer einem Offenbarungsglauben anhängt, gerät in Zorn, wenn sein Glauben angezweifelt wird, denn dabei wird ihm gewissermaßen der Boden, auf dem er steht, entzogen [3].

Dr. Johnson reagierte immer mit Wohlwollen auf die primitiven Empfindungen der Menschen, und damit brachte er genau die Atmosphäre der mittelalterlichen Kontroverse zum Ausdruck. Die Existenz des Islam löste im Abendland ein tiefes Unbehagen aus. Auf der praktischen Ebene führte der Islam zu einer ständigen Verunsicherung, nicht nur, weil er eine Gefahr darstellte, sondern, weil die Gefahr unberechenbar und unmeßbar war: Das Abendland verfügte über keinen Zugang zu den Absichten oder Motiven des Islam. Aber dieser unberechenbare Faktor deutete nur auf ein tiefergehendes Nichtbegreifen der Sache selbst hin.

Für das Verständnis des Islam konnte das Abendland keine Hilfe von der Antike und keinen Trost aus der Gegenwart erwarten. Für ein Zeitalter, das eingestandenermaßen hinsichtlich seiner Materialien auf die Vergangenheit angewiesen war, war das eine ernste Sache. Intellektuell war der Position des Islam am ehesten die Position der Juden zu vergleichen. Sie hatten viele Grundsätze gemeinsam und äußerten in vielerlei Hinsicht dieselben Einwände gegen das Christentum. Aber den christlichen Denkern stand zur Beantwortung des jüdischen Falles eine verwirrende Fülle von Material zur Verfügung, und die wirtschaftliche und soziale Unterlegenheit der Juden bestärkte die Ansicht, daß ihr Fall mit Herablassung behandelt werden könne. Nichts ist leichter, als die Argumente der gesellschaftlich Erfolglosen beiseitezufegen, und wir können sehen, wie sich das in der traurigen Geschichte der jüdischen Kontroverse im Mittelalter bestätigte. Auf dieselbe Mischung aus gesellschaftlicher Überlegenheit und einer langen Überlieferung autoritativer Widerlegung ging das Selbstvertrauen zurück, mit dem die Kirche des Mittelalters den vielen Häresien gegenübertrat, die vom elften Jahrhundert an in Europa aufkamen. Selbst das griechische Schisma konnte in diese Form gepreßt werden: Weltlicher Niedergang und patristische Autorität verbündeten sich und stützten sich gegenseitig.

Dieser Behandlung widersetzte der Islam sich aber beharrlich. Er war ungeheuer erfolgreich, und auf jede Phase einsetzenden Niedergangs folgte eine Periode erstaunlichen und bedrohlichen Wachstums. Der Islam hielt ebenso der Eroberung wie der Bekehrung stand, und er weigerte sich, schwach zu werden. Und dieses Bild materiellen Erfolges wurde noch durch die verwirrende Neuheit seiner intellektuellen Position kompliziert. Einen einzigen Gott, einen allmächtigen Schöpfer des Universums anzuerkennen, aber die Dreieinigkeit, die Fleischwerdung und die göttliche Natur Christi abzustreiten – das war eine klare philosophische Position, die von vielen Denkern der Antike her bekannt war. Ebenso war das Bekenntnis zur Unsterblichkeit der Seele, zur Existenz eines künftigen Seins mit Lohn und Strafe und zur Notwendigkeit guter Werke wie z. B. Almosengeben als Voraussetzung für die Erlangung des Paradieses in demselben Zusammenhang erkennbar. Was aber sollte man mit einer Lehre anfangen, die die Göttlichkeit Christi und das Faktum seiner Kreuzigung leugnete, seine jungfräuliche Geburt und seine besonderen Privilegien als ein Prophet Gottes aber anerkannte; die das Alte und das Neue Testament für Gottes Wort hielt, die alleinige Autorität aber einem Buch zusprach, das auf verwirrende Art und Weise die Lehre beider Testamente miteinander vermengte; die die philosophisch solide Lehre von den künftigen Belohnungen und Bestrafungen akzeptierte, aber die Philosophie dadurch beleidigte, daß sie zu verstehen gab, die Fleischeslust bilde die höchste Wonne im Paradies? Eine Religion ohne Priester oder Sakrament mochte verständlich sein; aber diese typischen Merkmale einer Naturreligion wurden mit einer heiligen Schrift verbunden, von der die wenigen Abendländer, die sie kannten, im allgemeinen meinten, sie stecke voller Ungereimtheiten, sowie mit einem von Gott erwählten Propheten, den man im Abendland generell für einen Menschen mit einem sündigen Leben und einer weltlich-orientierten Kriegslist hielt.

Dieses Islambild kristallisierte sich erst langsam in der westlichen Vorstellung heraus, aber im Laufe der Zeit fanden all diese Züge Eingang in dieses Bild. Daß diejenigen, die einen Eindruck davon bekamen, es verwirrend fanden, kann entschuldigt werden. Es war ihrer ganzen sonstigen Erfahrung unähnlich. Es gab Zeiten, da erschien es einleuchtend, die ganze Darstellung als absurdes Produkt einer bösen Phantasie abzutun. Zweifellos hätte diese Art von Erklärung weite Verbreitung erlangt, wenn der Islam bleibende Anzeichen des Niedergangs aufgewiesen hätte. Aber diese Hoffnung wurde fortwährend enttäuscht. Außerdem fanden sich unter den Anhängern des muslimischen Denksystems Männer, die das Abendland in zunehmendem, ja manchmal übertriebenem Maße zu bewundern lernte: Gelehrte, Philosophen und Wissenschaftler wie Al-Fārābī, Avicenna und Averroes, sowie ritterliche Helden vom Schlage Saladins. Es war schwer zu

glauben, daß solche Leute arglos einer Täuschung zum Opfer gefallen sein sollten.
All diese komplizierten Erwägungen beeinflußten im Mittelalter die abendländische Reaktion auf den Islam. Aber als ob diese nicht ausgereicht hätten, gab es eine weitere Komplikation, von der zwar kaum Notiz genommen wird, die aber die Schwierigkeiten jeglichen intellektuellen Kontaktes unsagbar verschärfte. Die abendländische Christenheit und der Islam stellten nicht nur zwei verschiedene Religionssysteme dar; ihre Gesellschaften waren sich in fast jeder Hinsicht außerordentlich unähnlich. Die längste Zeit des Mittelalters hindurch und fast nahezu auf seinem gesamten Territorium brachte das Abendland eine in erster Linie agrarische, feudale und monastische Gesellschaft hervor, und zwar zu einer Zeit, als die Stärke des Islam gerade in seinen großen Städten, reichen Höfen und langen Verbindungswegen ins Hinterland lag. Den abendländischen Idealen, die im wesentlichen auf Zölibat, Priestertum und Hierarchie ausgerichtet waren, setzte der Islam die Weltanschauung eines Laienstandes entgegen, der dem Wohlleben und der Sinnenfreude zugetan und im Prinzip egalitär war und sich einer beachtlichen Freiheit in der Spekulation erfreute, ohne daß – wie im Abendland – Priester und Klöster in die Grundstruktur der Gesellschaft eingebettet gewesen wären. Natürlich machten die beiden Gesellschaftssysteme, die auf solch konträren Prinzipien und Chancen beruhten, eine völlig unterschiedliche Entwicklung durch: Das Abendland mühte sich durch eine lange Zeit relativer Stagnation, um dann im Spätmittelalter eine soziale und wirtschaftliche Bedeutung zu erlangen, die es Jahrhunderte hindurch behielt; der Islam hingegen gelangte fast auf einen Schlag zu Macht, Reichtum und Reife und erreichte nie wieder die schöpferische Kraft seiner frühesten Leistungen. Er hatte noch militärischen Erfolg zu verzeichnen, als er bereits jedes andere Anzeichen seiner früheren Vitalität verloren hatte. Diese Vitalität ist es, die im mittelalterlichen Abendland für die Zeit ihrer Dauer nicht ihresgleichen hatte. Innerhalb von vierhundert Jahren seit seiner Entstehung hatte der Islam Stufen einer geistigen Entwicklung durchlaufen, die das Abendland nur im Laufe eines viel längeren Reifeprozesses erreichte. Es ist soviel verlorengegangen, daß man unmöglich mit letzter Genauigkeit Feststellungen machen kann. Aber es steht fest, daß die islamischen Länder im neunten, zehnten und elften Jahrhundert eine größere Anzahl und Vielfalt an gelehrten und wissenschaftlichen Werken hervorbrachten als die Christenheit des Mittelalters vor dem vierzehnten Jahrhundert insgesamt [4].
Der große Unterschied zwischen der lateinischen und der muslimischen Welt ist der eines langsamen Wachstums auf der einen und einer vorzeitigen Reife auf der anderen Seite. Der Hauptgrund dafür ist in den unterschiedlichen Lebensstilen zu suchen. Aber neben der Verschieden-

artigkeit der gesellschaftlichen Grundlagen war auch das intellektuelle Erbe von fast völlig anderer Art. Als die Welt der Antike in ihre Bestandteile zerfiel, wurde der Islam zum Haupterben der Wissenschaft und Philosophie Griechenlands, während dem barbarischen Westen die Literatur Roms zufiel. Dieser dramatische Gegensatz wurde von Richard Walzer in einem bemerkenswerten Aufsatz beleuchtet. Darin legt er dar, wie das griechische Denken von den Schulen der hellenischen Welt in die Höfe und Schulen des Islam übernommen und den nicht sehr hohen Ansprüchen der muslimischen Religion angepaßt wurde [5]. Dies ist das erstaunlichste Ereignis in der Geistesgeschichte, ebenso wie der Aufstieg des Islam als politische Macht das erstaunlichste Faktum in der Geschichte der Institutionen darstellt. Der Islam schwelgte im Überfluß, während dem Abendland nur die Kirchenväter, die klassischen und nachklassischen Dichter sowie die lateinischen Schulmeister blieben – Werke von beeindruckender Gediegenheit, die aber, zumindest im frühen Mittelalter, nicht gerade sehr aufregend waren. Ein Vergleich der Literaturkataloge des Abendlandes mit der Liste jener Bücher, die den muslimischen Gelehrten zur Verfügung standen, wirkt auf den Abendländer schmerzlich. Die lateinischen Gelehrten des zwölften Jahrhunderts, die diesen Unterschied als erste erkannten, traf diese Einsicht wie ein Schlag.

In der frühen Preiode, mit der ich mich in erster Linie beschäftige, ragen zwei Persönlichkeiten als Repräsentanten der beiden Kulturen heraus. Sie sind fast Altersgenossen: im Abendland Gerbert, der um 940 geboren wurde und 1003 als Papst starb, und im Orient Avicenna, der 980 auf die Welt kam und 1037 starb. Beide waren Leute von Welt und hatten in ihrer Gesellschaft jeweils hohe Stellungen inne. Beide Männer waren von leidenschaftlicher intellektueller Neugierde erfüllt, ihren Zeitgenossen freilich, abgesehen von ihrer großen Begabung, im Hinblick auf Moral oder praktische Ideale nicht merklich überlegen. Hier aber endet die Ähnlichkeit.
Die Höfe, die Gerbert kannte, waren die Hugo Capets und Ottos III. Das waren Herrscher, die von der Hand in den Mund lebten, und deren Vorstellungen von Glanz im groben Widerspruch zu ihrer tatsächlichen Machtlosigkeit standen. Die Schulen, die er kannte, waren die der Klöster und Kathedralen, die mit Gewißheit klein und mit Büchern schlecht ausgestattet waren. Und die Bücher, die zu kennen er am stolzesten war, waren jene, die das magere Repertoire griechischer Wissenschaft ausmachten, das die Gelehrten des untergehenden Roms an ihre Nachfolger weiterreichen konnten: Porphyrios' Einführung in die Logik des Aristoteles und Boethius' Übersetzungen und Summarien der elementaren Teile, mit seinen Handbüchern über Arithmetik, Musik, Geometrie und Astronomie sowie einige Fragmente griechischen medizinischen Wissens. Aus diesen kümmerlichen Quel-

len schöpfte Gerbert für seine eigenen nüchtern-kahle Werke: eine Übersichtstafel, die die verschiedenen Zweige der Rhetorik darstellte, ein Lehrbuch der Arithmetik, ein kleines Beispiel für Dialektik. Und auf diesen Grundlagen baute er ein Modell des Planetensystems auf, ein Rechenbrett sowie eine komplizierte Uhr[6]. Es ist eine magere Ausbeute, die nur deshalb nicht zur Bedeutungslosigkeit verurteilt war, weil es dazu großer Anstrengungen bedurft hatte, und weil sie im Vergleich zu allen früheren Bemühungen ähnlicher Art einen beachtlichen Fortschritt darstellte. – Wäre Gerbert in Buchara und nicht in Aurillac geboren worden, und hätte er in Bagdad oder Isfahan und nicht in Reims gelehrt, so hätte er sich in einer Gesellschaft befunden, die ihm intellektuell viel verwandter gewesen wäre als die des Abendlandes, und er hätte all die Bücher zur Verfügung gehabt, die er sich nur hätte wünschen können.
Avicenna wurde ungefähr vierzig Jahre nach Gerbert in Buchara geboren. Er lebte bis 1037 und starb in Isfahan[7]. Im Gegensatz zu Gerbert, dem Priester, Mönch, Prälaten und Papst, einem politischen Intriganten unter Nichtgeistlichen, dem die Macht zur Erfüllung seiner großartigen Pläne fehlte, war Avicenna ein Laie, Beamter, Arzt und Hofphilosoph. Seinen eigenen Angaben zufolge hatte er im Alter von sechzehn Jahren bereits Porphyrios' *Einführung* und alle einfachen Teile der Logik studiert sowie Euklids Geometrie, Ptolemäus' *Almagest,* eine ganze Bibliothek mit griechischer Heilkunde, etwas indische Arithmetik und die unvermeidliche, komplizierte muslimische Rechtswissenschaft. Selbst wenn wir den Erinnerungen dieses jugendlichen Wunderkindes ein gewisses Maß an Übertreibung zubilligen, ist das allgemeine Bild, das er von seinen Quellen entwirft, sicherlich nicht übertrieben: Dem Knaben standen Schätze zur Verfügung, von denen man im westlichen Europa zu dieser Zeit nicht einmal träumen konnte. Als junger Mann hatte er die Logik, Naturwissenschaften, Mathematik und Metaphysik der alten Griechen verschlungen und schließlich die *Metaphysik* des Aristoteles einem ausgedehnten und sorgfältigen Studium unterzogen. Und all das war kein isoliertes Studieren, sondern integraler Bestandteil einer bereits zweihundertjährigen Tradition muslimischer Wissenschaft. Avicenna hat uns eine Beschreibung der Bibliothek des Sultans von Buchara hinterlassen. Diese war in vielen Räumen untergebracht, und in jedem Raum waren Kisten mit Büchern aufgestapelt. Jeder Raum war jeweils einem einzigen Fachgebiet gewidmet – Sprache und Dichtung, Rechtswissenschaft, Logik, Medizin usw. – mit einem Katalog, aus dem man einen allgemeinen Überblick über die antiken Autoren in jedem Bereich der Wissenschaft gewinnen konnte. Bis zum Ende des Mittelalters gab es im Westen nichts Gleichartiges, und gewiß verfügte kein Laie über irgend etwas Vergleichbares.
Es ist nicht nötig, den Gegensatz noch weiter zu verfolgen. Avicen-

nas eigene Werke waren dem Umfang und der Bedeutung nach eine Leistung, die den Quellen, aus denen sie geschöpft wurden, würdig war. Sie wurden inmitten eines arbeitsamen und unsteten Lebens verfaßt; denn Avicenna bewegte sich zwischen den Höfen des heutigen Iran und den heutigen sowjetischen Gebieten Turkmenistan und Usbekistan. Wir werden diesen Werken später noch im Abendland begegnen. Zu einem Zeitpunkt, als die Werke Gerberts schon vergessen waren, trugen sie dazu bei, daß die intellektuellen Barrieren zwischen dem Islam und der Christenheit eingerissen wurden.

Dieser Gegensatz steht gleich am Anfang unseres Themas. Wir wollen nun einen Blick auf das Ende unserer Untersuchung werfen.

Dieser Überblick wird mit dem Ende des Mittelalters abgeschlossen. Nach dieser Zeit verliert das Problem viel von seinem Interesse und seiner Komplexität. Das mag überraschend erscheinen. Allein von der Landkarte her läßt sich feststellen, daß der Islam Westeuropa im Jahr 1600 viel stärker bedrohte als achthundert Jahre zuvor: Er hatte Byzanz ausgelöscht und stand vor der Grenze Deutschlands und an der ganzen Südküste des Mittelmeeres. Aber die wichtigsten Probleme, mit denen wir uns hier beschäftigen, waren, wenn schon nicht gelöst, so doch zumindest beiseitegeschoben. In dem erheblich erweiterten Weltbild des siebzehnten und achtzehnten Jahrhunderts war die Existenz des Islam für das Abendland nicht mehr die Herausforderung, die sie im Mittelalter gewesen zu sein scheint. Die Spaltungen der Christenheit, die den Gegensatz zur Außenwelt verwischten, – die Anerkennung anderer, nichtchristlicher Einheiten außer dem Islam, – der wachsende Reichtum Europas, – der langsame Niedergang des großen Türkenreiches, – das Aufkommen einer diesseitigen Sicht von der Welt und die Entdeckung der Neuen Welt – das alles waren Faktoren, die zusammen dazu beitrugen, daß der Islam immer weniger schrecklich erschien, bis sich schließlich Gibbon an der Vorrangstellung Europas sonnen und erklären konnte: »Die Herrschaft unabhängiger Barbarei ist auf eine enge Spanne beschränkt, und der Überrest der Kalmücken oder Uzbeken, deren Streitkräfte fast gezählt werden können, vermag der großen Republik Europa keine ernstlichen Besorgnisse einzuflößen.«[8] Für Gibbon war die Bedrohung durch den Islam nur noch eine Erinnerung, die dazu dienen konnte, Europa zu warnen, sich nicht *zu* sehr in eine endlos erscheinende Sicherheit zu wiegen: »Diese scheinbare Sicherheit darf uns jedoch nicht verleiten zu vergessen, daß neue Feinde und unbekannte Gefahren möglicher Weise aus einem dunklen Volke, das auf der Weltkarte kaum sichtbar ist, erstehen können. Die Araber oder Sarazenen, die ihre Eroberungen von Indien bis Spanien ausdehnten, haben in Armuth und Verachtung geschmachtet, bis Mohammed diesen wilden Körpern die Seele des Enthusiasmus einhauchte.« Trotz dieses warnenden Wortes können wir fühlen, daß Mohammed und

seine wilden Enthusiasten zusammen mit Tamerlan und den großen Eroberern der Antike glücklich in das Reich der Legende verwiesen worden waren. Geistig und materiell fühlte Europa sich sicher.
Das Mittelalter war das Goldene Zeitalter des islamischen Problems. Es entstand und verging in den Jahrhunderten zwischen etwa 650 und 1570. Aber Entstehen und Vergehen waren keine einfache oder einzige Bewegung. Nichts fällt bei näherer Betrachtung mehr auf als die Tatsache, wie außergewöhnlich langsam der Islam als intellektuell identifizierbares Faktum in die westlichen Vorstellungen eindrang, und wie sich dann, etwa nach dem Jahr 1100, die Attitüden, in denen das islamische Problem ständig neue Formen annahm, mit erstaunlicher Geschwindigkeit veränderten. Dies geschah z. T. als Reaktion auf Veränderungen in den praktischen Beziehungen zwischen Orient und Okzident, aber noch tiefergehend als Ergebnis davon, daß sich in Europa die Interessen und das geistige Rüstzeug wandelten.
Für die Zwecke der vorliegenden Untersuchung habe ich drei Phasen unterschieden und versucht, jede dieser Phasen in der Überschrift des jeweiligen Kapitels kurz zu charakterisieren. Wir befassen uns zunächst mit dem, was ich das »Zeitalter der Unwissenheit« genannt habe. Es mag scheinen, als ob die Unwissenheit mit zuviel Nachsicht behandelt würde, weil ihr gerade noch der Rest dieses Kapitels eingeräumt wird. Aber die Unwissenheit selbst ist ein sehr komplexes Phänomen. Die Theologen haben vierundzwanzig Arten von Unwissenheit festgestellt, und wir könnten etwas von ihren ausgetüftelten und scharfsinnigen Kriterien lernen. Doch für unsere Zwecke können wir eine gröbere Klassifizierung übernehmen und uns mit zwei Arten begnügen. Ich werde sie die Unwissenheit eines begrenzten Raumes bzw. die Unwissenheit einer siegreichen Phantasie nennen. Die erstere war in den vier Jahrhunderten nach 700 n. Chr. der vorherrschende Zug in der westlichen Haltung gegenüber dem Islam; die zweite war die Schöpfung und typische Haltung der vierzig Jahre zwischen 1100 und 1140. Die erste dieser Attitüden war eng mit der Bibelexegese verknüpft, die zweite dagegen mit der schöpferischen Phantasie des frühen zwölften Jahrhunderts. Im Rest dieses Kapitels werde ich die wesentlichen Kennzeichen dieser Einstellungen untersuchen und auf ihren Einfluß auf die spätere Entwicklung hinweisen.

II.

Wenden wir uns zuerst der Unwissenheit des begrenzten Raumes zu. Das ist die Art von Unwissenheit, die einem Menschen im Gefängnis anhaftet, der Geräusche von draußen stattfindenden Vorgängen wahrnimmt und versucht, mit Hilfe seiner vorgefaßten Vorstellungen dem, was er hört, eine feste Form zu geben. Vor dem Jahr 1100 befanden sich abendländische Autoren im Hinblick auf den Islam in genau dieser Situation. Über den Islam als Religion wußten sie faktisch nichts. Für sie war der Islam nur einer von vielen Feinden, die die Christenheit aus jeder Richtung bedrängten, und sie waren nicht daran interessiert, die primitive Götzendienerei der Nordländer, Slawen und Magyaren von dem Monotheismus des Islam zu unterscheiden oder die manichäische Häresie von der Mohammeds. Es gibt keine Hinweise darauf, daß in Nordeuropa irgend jemand selbst nur den Namen Mohammeds gehört hätte. Doch trotz ihrer Unwissenheit blieb den lateinischen Autoren ein Schlüssel zum Verständnis der Stellung, die die Sarazenen im allgemeinen Weltenplan einnahmen, und diesen Schlüssel lieferte die Bibel.

Bei der Interpretation der Ereignisse, um die es uns hier geht, ist klar, daß die Bibel zweierlei tun kann: Sie kann ihre Ursprünge oder ihr letztliches Schicksal, ihren Beginn oder ihr Ende erklären. In der wichtigsten gelehrten Tradition des Zeitabschnitts zwischen 700 und 1100 war die Rolle der Bibel darauf beschränkt, zur Aufdeckung der fernen Ursprünge der Sarazenen in der Geschichte des Alten Testamentes zu dienen, sowie zur Feststellung ihrer allgemeinen Beziehung zu den Völkern und Religionen der Welt. Für ein paar Gelehrte jedoch deutete sie auf die Zukunft hin und ließ erkennen, welche Rolle den Sarazenen bei dem bevorstehenden Ende aller Dinge zukommen werde. Die Erforschung der Bibeltexte war für die Erklärung des Phänomens Islam letzten Endes nicht sehr hilfreich. Aber wenn wir die Art und Weise verstehen wollen, in der der Islam für die Abendländer zum erstenmal zu einem vertrauten Thema wurde, so ist es unerläßlich, diese Forschungsmethode kurz zu betrachten. Ob sie nun falsch oder richtig war – ihr Einfluß auf das spätere Denken und Handeln war groß. Und das ist auch nicht überraschend. Die Bibel war das einzige wirksame intellektuelle Instrument des frühen Mittelalters. Es wäre absurd gewesen, ihre Erklärungen von Vergangenheit und Zukunft zu ignorieren, wie rätselhaft diese auch immer sein mochten. Zur geistigen Gestaltung der westlichen Welt gehörte wesentlich die Erfahrung – oft auch bittere Erfahrung –, was die Bibel den Menschen über die Welt, in der sie lebten, sagen konnte und was nicht. Die Bibelgelehrten konnten keinen wichtigeren Beitrag für die Zukunft leisten, als dieses Problem zu untersuchen.

Beda

Wir müssen mit Beda beginnen, dem großen Bibelgelehrten des Frühmittelalters [9]. Er beherrschte das gesamte Bibelwissen seiner Zeit. Was er schrieb, blieb bis zum zwölften Jahrhundert die Grundlage dieses Wissenszweiges. Außerdem gaben die Sarazenen zu seinen Lebzeiten zum erstenmal Anlaß zu europäischer Besorgnis. Noch bevor er starb, hatten sie bereits die Grenze ihrer nach Westen gerichteten Expansion erreicht. Es überrascht daher ein wenig, daß die Sarazenen damals keinen besonders starken Eindruck auf ihn machten. Er sah in ihnen Ungläubige von nicht mehr als gewöhnlicher Wildheit. In seiner *Historia* (wo sie selbstverständlich nicht Teil seines Hauptthemas waren) genügte ein einziger Satz, um von ihren Verwüstungen und der ihnen gebührenden Strafe zu erzählen, die sie bei Poitiers erhalten hatten. In seinen Bibelkommentaren war Beda etwas mitteilsamer; denn hier hatte er etwas Interessantes zu berichten. An verschiedenen Stellen erklärt er, daß die Sarazenen die Nachkommen Hagars, der ägyptischen Frau Abrahams, seien, von der wir im Buch Genesis lesen [10]. Man erinnert sich: Abraham hatte zwei Frauen, Sarah und Hagar, deren Söhne Isaak bzw. Ismael waren. In der christlichen Symbolik nahm Isaak Christus vorweg, und seine Nachkommen die Kirche. Ähnlich repräsentierten Ismael und seine Nachkommenschaft die Juden. Das war die allegorische Bedeutung der Ereignisse, die in der Genesis beschrieben werden. *Buchstäblich* aber glaubte man, die wirklichen Nachkommen Ismaels seien die Sarazenen. Ein großer Teil der über ihr Leben bekannten Tatsachen rechtfertigte diese Gleichsetzung. Ismael wurde in die Wüste gejagt – *sie* kamen aus der Wüste. Ismael war ein wilder Mensch, dessen Hand sich gegen jedermann erhob – könnte man eine trefflichere Beschreibung der Sarazenen finden als diese? Ismael stand außerhalb des Bundes – genau wie die Sarazenen. Im Lichte dieser Gleichsetzung mit den Kindern Ismaels konnte der Charakter der Sarazenen auf verschiedenerlei Weise verstanden werden, und Beda war nicht der erste, der das tat. Er war es aber, der sie in die mittelalterliche Tradition der Bibelexegese einführte; erst nach seiner Zeit wurde sie zu einem Klischee abendländischer Gelehrsamkeit. Sie half, die scharfe Dichotomie zwischen der Christenheit und jenen unberechenbaren Feinden zu mildern, und wies ihnen einen festen Platz in der christlichen Geschichte zu.

Die Probleme, die durch diese Gleichsetzung aufgeworfen wurden, verursachten Beda und seinen Nachfolgern gewisse Schwierigkeiten, aber das waren Probleme einer weltabgeschiedenen Gelehrsamkeit. Warum beispielsweise hießen diese Leute *Sarazenen,* wenn sie doch nicht von *Sarah,* sondern von *Hagar* abstammten? Solcher Art waren die Fragen, die die gelehrten Autoren mit Vorliebe untersuchten, und wir müssen ihnen in ihren abstrusen Spekulationen nicht folgen [11]. Dem Kern des Bildes von den Ereignissen fügten sie nichts hinzu. Was uns bei Beda und seinen karolingischen Nachfolgern am meisten überrascht, ist, daß ihrer Schilderung der Sarazenen jegliche Erbitterung fehlt. Zwar verwüsteten bzw. bedrohten diese halb Europa, aber sie erweckten weniger bittere Feindseligkeit als später. Zweifellos gab es dafür viele Gründe. Die Autoren des nördlichen Europa waren von den Sarazenen und der Gefahr, die sie darstellten, ziemlich weit

entfernt. Es gab nähere Feinde, von denen viele nicht an den Grenzen der Christenheit, sondern vor den Mauern des Klosters standen; auch in dem kosmischen Kampf zwischen Gott und dem Bösen spielten die Sarazenen eine verhältnismäßig bescheidene Rolle. Mit ihrer Identifizierung und ihrer Einreihung in den Kontext des Alten Testamentes hatten die karolingischen Autoren alles getan, was sie tun konnten. Sie konnten sich nun den literarischen Problemen zuwenden, denen sie ein übermäßiges Interesse entgegenbrachten. Sie fühlten sich wohler, wenn sie über die Schreibweise von »Sarah« diskutierten – sollte man es mit einem oder mit zwei »r« schreiben? –, als wenn sie die Natur der Sarazenen erörterten [12]. Selbstverständlich waren sie auf die Diskussion des ersten viel besser vorbereitet als auf die des letzteren, und so wandten sie sich mit Begeisterung solchen Problemen zu.
Aber wenn dies auch die vorherrschende Auffassung der Gelehrten in Nordeuropa sein mochte, es gab andere, die diese Haltung gelehrter Objektivität ablehnten und sich bei ihrem Versuch, den Islam zu verstehen, von der Bibelgeschichte ab- und der Bibelprophezeiung zuwandten. Die Männer, die dies taten, lebten in Spanien und verfaßten ihre Werke in der Mitte des neunten Jahrhunderts.

Spanisches apokalyptisches Denken

Es ist eine bemerkenswerte Tatsache, daß der Ursprung jeder einzelnen bedeutenden Neuheit, auf die wir zu sprechen kommen, in Spanien zu suchen ist. Selbst Bedas Identifizierung der Sarazenen mit den Söhnen der Hagar stammte unmittelbar von Isidor von Sevilla. Das gilt das ganze Mittelalter hindurch. Die umfassenden Theorien, die großen Systeme und Entwicklungen von Ideen wurden zwar anderswo erarbeitet, aber die ursprünglichen Ideen – ob sie nun apokalyptisch, wissenschaftlich oder synoptisch inspiriert waren – kamen aus Spanien. Spanien war das Land, das am meisten unter dem Islam litt und deshalb am meisten darüber nachdachte. Im allgemeinen stellen wir uns vor, das spanische Denken über den Islam sei leidenschaftlich, kompromißlos und fanatisch gewesen. Aber dieses Bild, das sich uns als das normale eingeprägt hat, stellt nur eine kurze Phase, oder, besser gesagt, zwei kurze Phasen dar, wobei die erste dem Beginn des Mittelalters und die zweite seinem Ende zuzuordnen ist. Zwischen diesen beiden Extremen, also zwischen dem neunten und dem sechzehnten Jahrhundert, liegt ein langer Abschnitt, in dem der spanische Einfluß sehr vielfältig, aber beinahe ausschließlich rational und positiv war. Und selbst am Beginn und am Ende, als Spanien die Speerspitze von Gewalttätigkeit und Intoleranz war, ist die Reaktion unter den Bedingungen jener Zeit vollkommen verständlich.

Das kann gleich veranschaulicht werden, wenn wir in das Spanien um die Mitte des neunten Jahrhunderts zurückkehren. Die Situation der christlichen Gemeinde im größeren Teil Spaniens war zu dieser Zeit mit der vieler christlicher Gemeinden in der ganzen islamischen Welt identisch [13]. Gemäß der Lehre des Koran erhielten sie Schutz unter der Bedingung, daß sie Tribut zahlten. Sie hatten ihre eigenen Bischöfe, Priester, Kirchen und Klöster, und viele von ihnen besetzten verantwortliche Positionen im Dienste der Emire von Córdoba. So weit, so gut. Aber es war auch vorgeschrieben, daß die Christen zwar toleriert und geschützt würden, daß sie aber dennoch zu »erniedrigen« seien [14]. Im wesentlichen bedeutete das: keine Öffentlichkeit des Gottesdienstes, kein Glockengeläute, keine Prozessionen und selbstverständlich keine Lästerung des Propheten oder des Buches des Islam. Ferner waren sie vom Rest der Christenheit sehr abgeschnitten und kannten weder die weltlichen noch die kirchlichen Quellen der lateinischen Gelehrsamkeit. Die Beziehungen zwischen Córdoba und dem nördlichen Europa scheinen noch nicht durch den Sklavenhandel verjüngt worden zu sein, der mit den deutschen Eroberungen slawischer Gebiete im zehnten Jahrhundert in Schwung kam. In dem einzigen Bericht, den wir über eine Reise nordischer Mönche nach Córdoba aus dieser Zeit besitzen, heißt es, es habe von der Grenzstadt Zaragoza acht Jahre lang keine Karawane nach Córdoba gegeben [15]. Das war 858, am Gipfel der Ereignisse, von denen gleich die Rede sein wird. Was die vollkommene Isolation der Christen Córdobas anbelangt, so kann sie nicht deutlicher illustriert werden, als durch die Erfahrung ihres führenden Gelehrten (Eulogius), der 848 Navarra besuchte und Bücher mit nach Hause brachte, die zu jener Zeit in Córdoba nicht erhältlich waren, u. a. Augustinus' *De civitate Dei*, sowie Werke von Vergil, Horaz und Juvenal [16]. Wenn derlei Werke nicht erhältlich waren, welche Vorstellung konnten dann die Christen Córdobas von der Zivilisation Roms gehabt haben?

Inmitten einer glänzenden und blühenden Zivilisation mit ihrer arabischen Literatur und ihren genialen Vorzügen mußte der Unmut der christlichen Bevölkerung zwangsläufig abflachen. Das war letzten Endes überall geschehen, wo sich der Islam etablierte, und so geschah es auch in Spanien:

> Die Christen lieben es, die Gedichte und Romanzen der Araber zu lesen. Sie studieren die arabischen Theologen und Philosophen – nicht, um sie zu widerlegen, sondern um ihr Arabisch korrekter und eleganter zu machen. Wo ist der Nichttheologe, der heute die lateinischen Kommentare zur Heiligen Schrift liest oder der die Evangelien, Propheten und Apostel studiert? Ach! Alle begabten jungen Christen lesen und studieren mit Begeisterung die arabischen Bücher. Die christliche Literatur verachten sie und meinen, sie verdiene keine Aufmerksamkeit. Ihre Sprache haben sie vergessen. Auf

jeden, der einem Freund einen Brief in lateinischer Sprache schreiben kann, treffen tausend, die sich im Arabischen elegant auszudrücken verstehen, und die in dieser Sprache bessere Gedichte verfassen als die Araber selbst [17].

Das war eine im Islam wohlbekannte Situation. Das Abendland sollte oft die Gelegenheit haben, die zersetzende Wirkung der muslimischen Werte zu beobachten, wenn sie Seite an Seite mit christlichen Werten gesetzt wurden; außer Eroberung oder Bekehrung gab es wahrscheinlich keine Methode, die den Prozeß hätte aufhalten können. Aber ein paar Jahre lang – zwischen 850 und 860 – löste das Gefühl, langsam zu ersticken, bei einer Handvoll Christen eine Reaktion aus, die zu Protesten führte – nicht so sehr gegen den Islam, vielmehr gegen die Selbstzufriedenheit ihrer eigenen christlichen Glaubensbrüder. Diese Bewegung brachte auch Märtyrer hervor.

Die Männer, die an der Spitze dieser Reaktion standen, waren ein Priester, Eulogius, und ein Laie, Paul Alvarus [18]. Eulogius wurde Titularbischof von Toledo und starb 859 den Märtyrertod. Er schrieb einen Bericht über die Bewegung, auf den wir uns größtenteils stützen. Paul Alvarus verfaßte ein polemisches Werk, den *Indiculus Luminosus,* worin er jene Christen angriff – und das war die Mehrheit –, die zur Mäßigung rieten. Er beschrieb auch das Leben des Eulogius. Die Vorstellungen der beiden Männer ähneln einander so sehr, daß man sie für unsere Zwecke hier wie eine einzige Person behandeln kann. Kurz gesagt, sie waren beide von dem Gedanken beseelt, daß die Herrschaft des Islam eine Vorbereitung auf das endgültige Auftreten des Antichrist sei. In der Bibel fanden sie die Belege, die sie benötigten. Solche Beweise zu finden, war nicht schwer. Wären sie skeptische Leute gewesen, hätte sie allein schon die Leichtigkeit, mit der ihre Suche erfolgreich war, stutzig machen müssen. Aber sie waren keine skeptischen Menschen, und viele, viele ihrer Nachfolger waren es auch nicht. Als Alvarus die folgenden Worte im Buch Daniel las, wußte er, was sie bedeuteten, und er sah, wie sie die Situation seiner eigenen Zeit beleuchteten [19]:

Das vierte Tier bedeutet: Es wird ein viertes Reich auf Erden erstehen, das von allen Reichen ganz verschieden ist. Es wird die ganze Welt verschlingen und sie zertreten und zermalmen.

Im traditionellen christlichen Denken war das Römerreich die vierte Weltmacht nach den Reichen der Assyrer, Perser und Griechen [20].

Die zehn Hörner bedeuten: Aus jenem Reiche werden zehn Könige erstehen.

Hier waren die barbarischen Invasoren, die das Römerreich vernichtet hatten.

Nach ihnen wird ein anderer sich erheben; dieser wird von den früheren ganz verschieden sein und wird drei Könige stürzen.

Das waren die Anhänger Mohammeds mit ihrem Riesenreich, das über Griechen, Franken und Goten triumphierte.

Selbst gegen den Höchsten wird er (vermessene) Reden führen; er wird die Heiligen des Höchsten hart bedrücken und darauf sinnen, Festzeiten und Gesetze zu ändern.

War dies nicht genau das, was Mohammed, der muslimische Kalender und der Koran taten?

Und die Heiligen werden in seine Hand gegeben für drei Zeiten und eine halbe Zeit.

Und hier lag nun die Schwierigkeit. Ich habe mir bei dem Text eine gewisse Freiheit herausgenommen [21], eine Freiheit allerdings, die sich unser Autor herausgenommen hatte. Paul Alvarus interpretierte diesen unverständlichen Satz dahingehend, daß der Islam dreieinhalb Perioden von je siebzig Jahren erleben würde, d. h. insgesamt 245 Jahre. Nun, da er im Jahr 854 schrieb und der Beginn der muslimischen Zeitrechnung das Jahr 622 (oder, wie er vermutlich glaubte, 618) war, stand das Ende der Welt offensichtlich sehr nahe bevor. Da alles sich verschwört, um eine Hypothese zu stützen, an die wir fest glauben wollen, fügte es ein merkwürdiger Zufall, daß der Emir von Córdoba, ʿAbd ar-Rahmān III., 583 starb und ihm Mohammed I., der »Fluch unserer Zeit«, nachfolgte. Die Tatsache, daß der Name der des großen Betrügers selbst war, hätte wohl auch einen vorsichtigeren Gelehrten als Paul Alvarus dazu ermuntert, das bevorstehende Ende aller Dinge zu verkünden.

Ich werde den verschlungenen Überlegungen dieser verfolgten Männer nicht in das Buch Job und in die Apokalypse hinein nachgehen. Ihre seelische Qual und die dringende Pflicht, die sie verspürten, ihren Gefährten ihr Bedrohtsein und ihre Mission zu Bewußtsein zu bringen, verleiht einem System, für das intellektuell nichts spricht, seine Würde. Und es ist mehr, als über viele von jenen gesagt werden kann, die in ihre Fußstapfen traten. Es war nicht schwer für sie, im Islam und in seinem Begründer Anzeichen einer finsteren Verschwörung gegen das Christentum zu finden. Sie meinten, in all seinen Einzelheiten – und sie kannten sehr wenige – die völlige Leugnung des Christentums zu erkennen, die die Machenschaften des Antichrist kennzeichneten. In ihrem Besitz befand sich eine kurze Biographie Mohammeds, ein Werk spanischer Erfindungskraft, das auf der byzantinischen Tradition aufbaute, und das sie darüber belehrte, daß dieser im Jahr 666 der Zeitrechnung Spaniens gestorben war [22]. Es kann sie nicht überrascht haben zu sehen, daß das die Zahl des Tieres der Offenbarung war, der Verkörperung des Antichrist also. Sie können auch nicht überrascht gewesen sein, als sie herausfanden, daß das Leben Mohammeds eine Parodie auf das Leben Christi war.

Was man auch sonst über all das sagen mag, es war die erste stringente und umfassende Ansicht über den Islam, die sich im Zusammenhang mit den damaligen Verhältnissen im Abendland herausbildete. Sie war ein Produkt der Unwissenheit, aber einer Unwissenheit besonders komplexer Art. Die Männer, die diese Ansicht ausarbeiteten, waren Männer, die über das schrieben, was sie tief im Inneren erlebt hatten. Sie brachten ihre Erfahrung mit der einzigen festen Grundlage in Beziehung, die ihnen zugänglich war – mit der Bibel. Sie wußten nichts vom Islam, nicht weil sie, wie die karolingischen Gelehrten, weit von ihm entfernt lebten, sondern weil sie, im Gegenteil, sich in seiner Mitte befanden. Wenn sie wenig von dem sahen und verstanden, was rings um sie vorging, und wenn sie nichts über den Islam als Religion wußten, dann deswegen, weil sie gar nichts zu wissen wünschten. Die Situation einer unterdrückten und unbeliebten Minderheit innerhalb einer Minderheit ist für eine wissenschaftliche Untersuchung der tatsächlichen Position des Unterdrückers ungeeignet. Bezeichnenderweise zogen sie es vor, aus der trockenen lateinischen Quelle, die Eulogius im christlichen Navarra aufgespürt hatte, etwas über Mohammed zu erfahren, statt aus dem Urquell des Koran oder den großen biographischen Sammelwerken ihrer muslimischen Zeitgenossen zu schöpfen. Sie entflohen der Umarmung durch den Islam: Es ist nicht wahrscheinlich, daß sie sich dem Islam zugewendet hätten, um zu begreifen, wovor sie flohen.

Die karolingische Tradition

Obwohl Ansichten, die denen des Eulogius und des Paul Alvarus ähnelten, hin und wieder im Abendland auftauchten, ist es – in Anbetracht der Leichtigkeit, mit der diese Meinungen aufrechterhalten werden konnten und der Beweise, die zu ihren Gunsten vorgebracht werden konnten – überraschend, daß sie niemals allgemeine Zustimmung fanden. Die karolingischen Zeitgenossen dieser spanischen Autoren zeigten keinerlei Neigung, deren Gedankengängen zu folgen. Eine blasse Vorstellung vom Leben der spanischen Märtyrer drang zwar nach Norden, und die Tatsache, daß ihre Ideen bekannt waren, mag Diskussionen über den Antichrist und das Ende der Welt ausgelöst haben. Aber bei der Erörterung dieses Themas ignorierten die Gelehrten aus den nördlichen Ländern die Rolle der Sarazenen [23].
Diese Regel kennt eine Ausnahme, die erwähnt werden soll, weil sie den sehr großen Stimmungsunterschied illustriert, der zu dieser Zeit zwischen den Gelehrten Nordeuropas und denen des christlichen Spanien bestand. Paschasius Radbertus, der gelehrteste Mann seiner Zeit im Norden, der genau zur gleichen Zeit lebte wie Eulogius und Paul Alvarus, diskutierte in seinem umfangreichen Matthäus-Kommentar über die Zeichen der letzten Tage. Hier erwähnte er die Sarazenen, aber nicht, um zu beweisen, daß sie die Verkörperung des Antichrist

seien, sondern um die akademisch-milde These zu belegen, die Existenz des Islam außerhalb der Kirche beweise nicht, daß die letzten Tage *notwendigerweise* noch weit entfernt seien [24]. In bezug auf dieses wichtige und ehrfurchteinflößende Thema standen die Karolinger in der besten Tradition mittelalterlichen Denkens: Sie rieten zu Vorsicht und Nüchternheit. Es war leicht, von einem nordischen Kloster aus Ratschläge zu erteilen, wo die Sarazenen weit fort und andere Übel näher waren. Aber wir werden sehen, daß die apokalyptische Interpretation des Islam immer dann neuen Auftrieb erhielt, wenn die Situation wirklich bedrohlich wurde, und besonders dann, wenn der Bedrohung der Selbstzufriedenheit im Inneren die Bedrohung von außen entsprach.

III.

Mit dem ersten Kreuzzug änderte sich die Beziehung zwischen der Christenheit und dem Islam schlagartig. Dieses Ereignis brachte kein Wissen mit sich – ganz im Gegenteil. Die ersten Kreuzfahrer und jene, die ihnen unmittelbar nach Palästina nachfolgten, sahen und verstanden außerordentlich wenig von dem orientalischen Schauplatz. Der frühe Erfolg schloß jede unmittelbare Reaktion bis auf das Gefühl von Triumph und Geringschätzung aus. Aber sie sorgten auch dafür, daß im Abendland die Religion und der Begründer des Islam zum erstenmal vertraute Begriffe wurden. Vor dem Jahr 1100 habe ich den Namen Mohammeds nur einmal in der mittelalterlichen Literatur außerhalb Spaniens und Süditaliens erwähnt gefunden [25]. Aber ungefähr vom Jahr 1120 an hatte im Westen jedermann irgendeine Vorstellung davon, was Islam bedeutete und wer Mohammed war. Das Bild war sonnenklar, aber es war kein Wissen, und es war nur Zufall, wenn es in Einzelheiten der Wahrheit entsprach. Seine Schöpfer schwelgten in der Unwissenheit siegreicher Einbildungskraft.
Das Bild, das sich in Europa etwa in den ersten vierzig Jahren des zwölften Jahrhunderts von dem Propheten und der Natur des Islam herausbildete, war eine Folge des Triumphes. Es war im nördlichen Frankreich zusammengestückelt worden, möglicherweise unter dem Ansporn der Kamingeschichten heimkehrender Krieger und Geistlicher, die weit hinter der Schlachtlinie gestanden hatten. In den Schulen und Klöstern wurde es in eine Form gebracht, die den Vorstellungen der Abendländer behagte. Das Ergebnis war ein volkstümliches Image von erstaunlicher Zählebigkeit, das viele bessere Darstellungen entstehen und vergehen sah und alle überdauerte.
Wenn wir diese Zählebigkeit der Phantasieprodukte jener Zeit begreifen wollen, müssen wir beachten, daß sie aus einer Zeit stammen, als im westlichen Europa sich der Phantasiereichtum zur Blüte ent-

wickelte. Die Ritterromanzen um Karl den Großen und bald darauf auch um Arthur, die Wunder der Jungfrau, die Wunder Roms und die Legenden des Vergil sowie die legendäre Geschichte Britanniens – sie alle sind etwa um die gleiche Zeit entstanden und leiten sich alle von genau denselben Kräften her, die auch die Legenden über Mohammed und die wundersamen Beschreibungen muslimischer Sitten ins Leben riefen. Es kann wenig Zweifel darüber geben, daß diese Legenden und Hirngespinste zum Zeitpunkt ihrer Entstehung als mehr oder weniger wahrheitsgemäße Darstellungen dessen begriffen wurden, was zu beschreiben sie vorgaben. Aber gleich nach ihrer Entstehung begannen sie ein literarisches Eigenleben zu führen. Auf der Ebene der Volksdichtung änderte sich das Bild von Mohammed und seinen Sarazenen von Generation zu Generation nur sehr wenig. Wie von populären Romanfiguren erwartete man von ihnen gewisse Stereotypen, die die Verfasser auch getreulich über Hunderte von Jahren reproduzierten. Es wäre schwer zu sagen, wann man erkannte, daß die Charaktere bloße Erdichtungen waren, mit denen man ungezogene Kinder einschüchterte. Sicherlich aber war das nicht ihre ursprüngliche Funktion gewesen.

Es würde unserer Untersuchung nicht weiterhelfen, wenn wir die Erzeugnisse dieser Zeit im Detail analysierten. Sie gehören weniger zur Geschichte des abendländischen Denkens über den Islam als zur Geschichte der abendländischen Vorstellungskraft. Aber ein Wort muß über die Quellen gesagt werden, aus denen die Autoren schöpften.

Was das Leben Mohammeds anlangt, so hatten die abendländischen Autoren schließlich ein paar Fakten von den byzantinischen Autoren übernommen [26]. Diese Tatsachen bezogen sich auf seine Ehe mit einer reichen Witwe, seine Anfälle, seinen christlichen Hintergrund und seine Absicht, eine allgemeine sexuelle Freizügigkeit als Instrument zur Vernichtung der Christenheit einzusetzen. Aber auf diesem schwachen Gerüst, dem keine Chronologie zugeordnet werden konnte, wurde ein großes Gebäude errichtet. Wenn lateinische Autoren als erstes fragten, was für eine Art Mensch Mohammed war, und warum er Erfolg hatte, erwiderten sie, er sei ein Magier gewesen, der mit Zauberkraft und Schlauheit die Kirche in Afrika und im Orient vernichtet und seinen Erfolg dadurch konsolidiert habe, daß er Promiskuität gestattete. Einige der Details – wie z. B. die Rolle des weißen Bullen, der die Bevölkerung einschüchterte und schließlich das neue Gesetz zwischen seinen Hörnern trug; oder der Bericht darüber, wie Mohammeds Grab mit Hilfe von Magneten mitten in der Luft schwebte – solche Details gehören in den Bereich der Folklore. Andere, wie z. B. Mohammeds Tod und Vernichtung durch Schweine bei einem seiner Anfälle, sind gehässige Weiterentwicklungen von einigen Einzelheiten, die sich in der byzantinischen Tradition finden. En paar

Details mögen entfernt mit den vielen Legenden über den Propheten zusammenhängen, die im Islam verbreitet sind; andere sind reine Erfindungen [27].

Der Geist dieser Literatur wird von den gelehrtesten Autoren gut zum Ausdruck gebracht, die dafür verantwortlich sind. Guibert von Nogents kurzer Bericht über Mohammed ist eine der frühesten Biographien des Propheten, die außerhalb Spaniens im Westen verfaßt wurden. Über seine Quellen machte sich Guibert mehr Gedanken als viele seiner Zeitgenossen in Nordfrankreich, und er gab offen zu, daß ihm für seinen Bericht keine schriftliche Quelle über Mohammed zur Verfügung gestanden habe [28]. Was er wiedergibt, ist die *plebeia opinio.* Ob diese richtig oder falsch ist, vermag er nicht zu sagen; aber soviel kann er sagen: »Man kann ruhig über jemanden schlecht reden, dessen Bosheit alles übertrifft, was je an Schlechtem geredet werden kann.« In unterschiedlicher Form – sei es für Lob, sei es für Tadel – inspirierte diese Regel in der ersten Hälfte des zwölften Jahrhunderts zahlreiche Schriften. Das, was darauf folgte, ließ der Phantasie freien Lauf.

Dieselbe Freiheit formte das Bild vom muslimischen Glauben, das sich, angefangen beim *Rolandslied,* in allen epischen Gedichten des Abendlandes wiederfand [29]. Diese Werke stimmten darin überein, daß die Sarazenen Götzendiener seien. Im *Rolandslied* verehren sie drei Götter: Tervagan, Mohammed und Apollo. Aber später hatten diese sich durch einen natürlichen Entwicklungsprozeß um ein Vielfaches vermehrt. Mehr als dreißig Götter wurden in dieser Literatur gezählt. Sie bilden ein pittoreskes Gespann: Luzifer, Jupiter, Diana, Plato und der Antichrist gehörten dazu. Aber das ist nur das Überschäumen volkstümlicher Phantasie; denn sehr bald wußte jeder, der etwas über den Islam in Erfahrung bringen wollte, daß er die strikteste monotheistische Religion ist. Zunächst jedoch ist es wahrscheinlich, daß die Lateiner, die ja mit keiner Religion außer ihrer eigenen Erfahrung hatten, sich Irrtümer nur als extravagante Entwicklungen der ihnen vertrauten Richtung vorstellen konnten. Wenn die Christen eine Dreifaltigkeit verehrten, dann – so dachten sie – müßten die Muslime das auch tun, aber eine absurde Dreifaltigkeit; wenn die Christen ihren Begründer verehrten, dann müßten – so meinten sie – es die Muslime auch tun, aber mit lasterhaften Riten, die zu einem lasterhaften Menschen und zu einem lasterhaften Volk paßten.

Unweigerlich formen die Menschen jene Welt, die sie nicht kennen, nach dem Vorbild der Welt, die sie kennen. Nirgendwo wird das deutlicher als in der frühen lateinischen Literatur über den Islam. In diesem Kapitel haben wir Interpretationen des Islam untersucht, die auf unterschiedlichen Arten von Unwissenheit gründeten. Es ist nicht erfreulich, und man mag es für sinnlos halten, sich über die Unwissenheit – in welcher Form sie auch immer auftritt – zu verbreiten.

Aber diese Versuche, den Islam zu interpretieren, übten auf unser späteres Denken einen starken Einfluß aus. Sie wiesen dem Islam in den drei großen Traditionen europäischen Denkens und Fühlens einen Platz zu – nämlich in denen der biblischen Geschichte, der apokalyptischen Vision und der volkstümlichen Phantasie. Es ist unmöglich, keine starke Sympathie für die Nüchternheit zu empfinden, mit der Beda und die karolingischen Gelehrten von ihren dürftigen Quellen Gebrauch machten. Und die leidvollen Erfahrungen der Spanier verleiht ihren leidenschaftlichen Bemühungen eine gewisse Würde. Zu den phantasiereichen Rekonstruktionen des frühen zwölften Jahrhunderts aber läßt sich schwerlich etwas Positives sagen. Die böswilligen Irrtümer siegreicher Macht sind weniger entschuldbar als die Irrtümer, die durch leidvolle Erlebnisse aus der Unwissenheit geboren wurden. Aber die Phantasien des frühen zwölften Jahrhunderts hingen, wie wir sehen werden, mit der Entwicklung eines neuen, kritischeren Forschungsgeistes zusammen. Und diesen Geist, der unserer modernen Denkweise gewiß verwandter ist als jener, mit dem wir uns bislang beschäftigt haben, werde ich im nächsten Kapitel zu illustrieren suchen.

B. Das Jahrhundert der Vernunft und Hoffnung

I.

Am Ende des letzten Kapitels sagte ich, daß man die Phantasien des frühen zwölften Jahrhunderts bis zu einem gewissen Grad damit rechtfertigen könne, daß diese eine kritischere Würdigung des Islam vermittelten, als wir sie zuvor antrafen. Es ist sicherlich eine bemerkenswerte Tatsache, daß nicht nur Wissenschaft und Magie in ihren Ursprüngen ununterscheidbar sind, sondern auch Phantasie und Beobachtung eine gewisse versteckte Affinität zu haben scheinen, die bewirkt, daß die erstere die Entwicklung der letzteren fördert. Daher ist es vielleicht nicht überraschend, daß die ersten genauen Beobachtungen über den Islam als Religion im Abendland von Menschen gemacht wurden, die einen großen Beitrag zur Phantasieliteratur der damaligen Zeit leisteten. Mir fällt sofort Wilhelm von Malmesbury ein, in dessen Geschichten ein so reges Interesse an Wundern und Zauberei deutlich wird, der aber meines Wissens auch der erste war, der eindeutig zwischen der Götzendienerei und dem heidnischen Aberglauben der Slawen einerseits und dem Monotheismus des Islam andererseits unterschied, und der entgegen dem ganzen üblichen populären Denken betonte, daß der Islam Mohammed nicht für Gott, sondern für Seinen Propheten hält [1]. Wilhelm schrieb diese Worte ungefähr im Jahr 1120, als die Flut von Verdrehungen dieses Themas gerade ihren Höhepunkt erreicht hatte. – Ferner denke ich da an Pedro de Alfonso, einen außergewöhnlichen Mann, der als spanischer Jude 1106 zum Christentum bekehrt worden war, und der sich später als Arzt König Heinrichs I. in England niederließ. Er war nicht nur der erste Übermittler orientalischer Legenden in lateinischer Sprache und der erste hervorragende Vertreter der arabischen Wissenschaft im Abendland, er hat auch die früheste Darstellung Mohammeds und seiner Religion verfaßt, die von objektivem Wert ist [2]. Obschon er dem Islam feindlich gegenüberstand, präsentierte er ihn doch als eine zumindest mögliche Wahl, die ein nicht gebundener Mensch treffen könne. Die *Historia Karoli magni et Rotholandi* wiederum des Pseudo-Turpin, die vermutlich aus der Zeit kurz vor 1150 stammt – eine der am wenigsten wahrscheinlichen Quellen – enthält eine Mischung, die für jene Zeit charakteristisch ist [3]. In diesem Werk finden sich all die üblichen Details über die götzendienerischen Sarazenen, von denen die Romanzen Karls des Großen überquellen. Aber mittendrin kommt es zu einer theologischen Debatte zwischen Roland und dem Riesen der Sarazenen, Ferracutus, die ein richtiges Verständnis der wesentlichen, zwischen Christen und Muslimen strittigen Punkte offenbart. Darin wird anerkannt, wie stark die Muslime das Einssein Gottes betonen. Selbstverständlich kann das eine Interpolation sein; aber in diesem Fall wäre es eine sehr frühe, und die Tatsache, daß sie in diesem romantischen Werk der Erzählliteratur vorkommt, illustriert die Art und Weise, wie die beiden Ströme von Phantasie und Beobachtung friedlich nebeneinander herfließen konnten.

Eine ähnliche Würdigung muslimischer Glaubensvorstellungen findet sich in einer anderen Quelle, die etwa aus derselben Zeit stammt. Otto von Freising kritisierte in einem Abschnitt seiner zwischen 1143 und 1146 verfaßten Chronik die landläufige Darstellung des Märtyrertodes von Thiemo, des Erzbischofs von Salzburg, im Jahr 1101 [4]. Es hieß, der Erzbischof sei zum Märtyrer geworden, weil er die muslimischen Idole in Kairo zerstörte. Otto stellte aber fest, daß dies höchst unwahrscheinlich sei; denn bekanntlich verehrten alle Sarazenen nur einen Gott und kannten das Gesetz des Alten Testamentes und den Ritus der Beschneidung. Sie griffen auch weder Christus noch die Apostel an. Nur in einem Punkt seien sie weit vom Heil entfernt – sie leugneten, daß Jesus Christus Gott oder Gottes Sohn ist, und verehrten den Verführer Mohammed als einen großen Propheten des höchsten Gottes. Um die Mitte des zwölften Jahrhunderts begannen also rationale Auffassungen über die Natur des Islam sich ziemlich weitgehend durchzusetzen. Denn wir können sehen, daß diese bisweilen, und zwar unabhängig voneinander, von Autoren in England, Frankreich, Deutschland und Spanien geäußert wurden.

Es kommt oft vor, daß der erste Schritt in eine neue Richtung mit großer Verspätung erfolgt, aber letzten Endes mit überraschender Leichtigkeit vollzogen wird, während der zweite und dritte Schritt auf unerwartete Schwierigkeiten stoßen. Das geschah in diesem Fall. Im frühen zwölften Jahrhundert wurde im westlichen Europa eine Richtung unabhängiger Forschung begründet, die sich in diesen Spuren unvoreingenommener Würdigung des Islam offenbart. Aber dann kam es zu einer Pause. Es war eine Sache, ein vernünftiges Urteil auf naheliegende Faktoren zu gründen; eine ganz andere Sache war es aber, nach neuen Informationen um ihrer selbst oder irgendeiner späteren Synthese willen zu suchen. Wenn die Dinge einmal so weit gebracht waren, wie wir es bei den von mir zitierten Autoren gesehen haben, dann muß – und das ist völlig klar – der nächste Schritt darin bestehen, nach autoritativen Texten Ausschau zu halten, damit der Schleier weiter gelüftet werden kann. Cluny wird es immer zur Ehre gereichen, daß dieser Schritt auf die Initiative seines Abtes Petrus Venerabilis hin tatsächlich mit bemerkenswerter Bereitwilligkeit vollzogen wurde. Die Übersetzung des Koran, die auf seine Kosten von dem englischen Gelehrten Robert von Ketton angefertigt und im Juli

1143 abgeschlossen wurde, stellt einen Markstein in der Islamwissenschaft dar [5]. Mit dieser Übersetzung verfügte das Abendland zum erstenmal über ein Instrument für das ernsthafte Studium des Islam. Ihr Erscheinen brachte die erste kurze Phase unparteiischer Würdigung in angemessener Weise zu einem Ende. Aber das war eher ein Ende als ein Beginn. Die ernsthafte Erforschung des Islam war kein Thema, das sich den Zeitgenossen oder unmittelbaren Nachfolgern von Petrus Venerabilis stellte.

Es ist nicht schwer zu verstehen, warum dies so kommen mußte. In der zweiten Hälfte des zwölften Jahrhunderts war Europa in seinem Inneren von Häresien zerfressen, und draußen wandte sich die Situation im Hinblick auf den Islam eindeutig zum Schlechteren. Am Ende des Jahrhunderts waren die hohen Erwartungen des Ersten Kreuzzuges durch eine lange Reihe von militärischen Schlappen zunichte gemacht worden. Diese Umstände bildeten keinen hoffnungsvollen Hintergrund für das Studium des Islam.

Petrus Venerabilis hatte gewußt, daß sein Werk, eine Übersetzung des Koran zu fördern und die religiösen Lehren des Islam zu untersuchen, wahrscheinlich kein positives Echo finden würde. Er versuchte, die Unterstützung Bernhards von Clairvaux zu gewinnen, aber das gelang ihm nicht. Er versuchte, seine Initiative im Zusammenhang mit den langfristigen Interessen der Christenheit zu rechtfertigen, stieß aber auf wenig Widerhall. Wie sein großer griechischer Vorgänger Johannes Damaszenus, dessen Werk damals im Abendland bekannt wurde, betrachtete er den Islam als christliche Häresie, als letzte und bedeutendste Häresie, und als einzige, auf die es keine Antwort gegeben hatte. Daher sei es – behauptete er – in einer Zeit, die so voller Häresien stecke, wichtig, auf diese »Senkgrube aller Häresien« zu reagieren, wenn schon nicht wegen ihrer unmittelbaren Gefährlichkeit, dann zumindest wegen ihrer letztlichen Bedrohung:

> Wenn dieses Werk überflüssig erscheint, da der Feind solchen Waffen wie diesen gegenüber unempfindlich ist, so antworte ich, daß in der Republik des großen Königs einige Dinge zur Verteidigung, andere zu Verschönerung und einige zu beidem gemacht sind. Salomon der Friedfertige fertigte Waffen zur Verteidigung an, die zu seiner eigenen Zeit nicht gebraucht wurden. David ließ Verzierungen für den Tempel herstellen, obwohl es keine Vorstellungen gab, wozu sie zu seiner Zeit nutzen sollten ... So ist es mit diesem Werk: Wenn die Muslime dadurch nicht bekehrt werden können, ist es wenigstens für die Gelehrten richtig, die schwächeren Brüder in der Kirche zu unterstützen, die sich so leicht über Kleinigkeiten empören [6].

Damit entschuldigte Abt Petrus sich bei seinen christlichen Glaubensbrüdern: Er schmiedete Waffen gegen die Häresie. Für einen Mann, der begriff, welche verheerenden Auswirkungen der Manichäismus auf die abendländische Kirche hatte, war der Gedanke, daß die islamische Häresie ihren Weg in die Kirche finden könne, nicht so weit hergeholt, wie er heute erscheint. Tatsächlich aber fand die Häresie Mohammeds – wenn sie denn eine Häresie war – nie den leisesten Anklang in Europa. In den Grenzgebieten, dort, wo die beiden Religionen sich berührten, gab es immer einige Bekehrungen, und zwar in beide Richtungen; aber sie reichten niemals aus, um der Orthodoxie der lateinischen Christenheit das Gefühl zu geben, sie sei bedroht. Daher machte der Vorschlag des Abtes von Cluny, der Islam müsse zur Stützung der schwächeren Brüder ernsthaft studiert werden, keinen sonderlichen Eindruck. Wenn man sich überhaupt mit dem Islam beschäftigen sollte, dann aus anderen Gründen.

Ebenso war seine Hoffnung, er könne die Muslime dadurch bekehren, daß er die Schwächen des Koran aufdeckte, vergeblich; denn seine Entlarvung blieb ins Dunkel der lateinischen Sprache gehüllt. Der Islam hörte nie die gütige Stimme des Abtes von Cluny, wie sie erklärte: »Ich greife euch nicht, wie einige von uns es oft tun, mit Waffen an, sondern mit Worten; nicht mit Gewalt, sondern mit der Vernunft; nicht im Haß, sondern in Liebe [. . .]. Ich liebe euch, und weil ich euch liebe, schreibe ich euch, und weil ich euch schreibe, lade ich euch zum Heil ein.« [7]

Versuche, die Diskussion wirklich schwieriger Probleme in eine neue Richtung zu lenken, werden nie von Erfolg gekrönt, solange ihnen die Ereignisse nicht weiterhelfen. Die Bemühung, den Islam in einen großzügiger konzipierten intellektuellen Rahmen zu stellen, erschlaffte nach der Zeit des Petrus Venerabilis; denn es gab viele dringendere Gefahren als jene, auf die er die Aufmerksamkeit lenkte. Die Gefahr, die die meisten abendländischen Beobachter des Islam im späten zwölften Jahrhundert tief berührte, war militärischer Natur, und die einfache Antwort darauf bestand in einer verstärkten militärischen Anstrengung. Es gab viele eloquente Vertreter dieses Standpunktes; am eindrucksvollsten unter ihnen war Joachim von Fiore. Joachim war kein sehr feinfühliger Mensch, aber er war eine der wenigen wirklich prophetischen Gestalten des Mittelalters, die mit einer gewissen Glaubwürdigkeit von sich behaupteten, durch die Oberfläche der Geschehnisse hindurch auf den Kern ihrer Bedeutung zu blicken. Als König Richard I. 1191 auf dem Weg ins Heilige Land war, traf er in Messina mit Joachim zusammen, und dieser entwarf ihm ein Bild von der Geschichte, das die apokalyptischen Visionen der spanischen Märtyrer des neunten Jahrhunderts aktualisierte [8]. Für ihn stand, wie für die Märtyrer, das Weltende unmittelbar bevor, und auch für ihn waren die Sarazenen die Hauptwerkzeuge des Antichrist. An den beiden Flanken der Christenheit, in Spanien und im Heiligen Land, sah er die Macht des Islam erneuert – in Spanien unter den

Almohaden und in Palästina unter Saladin. Aber im Hinblick auf die Zukunft war er unschlüssig. Wie alle, die die Zukunft vorhersagen, mußte er vorsichtig und behutsam ans Werk gehen. Er scheint König Richard versichert zu haben, er würde Saladin besiegen; hierin irrte er sich allerdings. Aber die interessanteste Bemerkung, die er dem apokalyptischen Bild hinzufügte, war, daß der letzte Antichrist bereits am Leben und in Rom sei, und auf den päpstlichen Thron gelangen solle.

Zurückblickend können wir sehen, daß diese Vision, die einer ungläubigen Schar nordländischer Kreuzfahrer geoffenbart wurde, eine sehr bedeutsame Akzentverschiebung bei den Erwartungen der letzten Tage darstellt. Im Hinblick auf die letzten Angriffe, die die Grundlagen der Christenheit aushöhlen sollten, spielte Joachim die Rolle der Sarazenen hoch und zugleich herunter. Er spielte sie hoch, indem er die Sarazenen zu den letzten drei Geißeln der Kirche vor dem endgültig letzten Schlag machte. Er spielte ihre Rolle herunter, indem er sie nur zu einem Vorspiel zu einem größeren inneren Feind Christi, im Herzen der Christenheit selbst, erklärte [9].

Eine solche Sichtweise der Dinge, derzufolge die Christenheit von einem wiederauflebenden Islam und einem glaubenslosen Papst zugleich im Zangengriff gehalten wurde, taucht in vielen Visionen des Mittelalters wieder auf. Diese Visionen gehören ins Reich der volkstümlichen Spekulation. Wenn sie als Ausdruck informierter Meinung an die Oberfläche kommen, stehen sie manchmal – wie wir sehen werden – unter dem Patronat eines großen Namens. Aber im dreizehnten Jahrhundert übte die apokalyptische Rolle des Islam – mit der einen überraschenden Ausnahme Papst Innozenz' III. [10] – auf die Hauptrichtung des verantwortlichen Denkens keinen Einfluß aus.

II.

Das Ereignis, das mehr als alle andere sonst den ganzen Aspekt des islamischen Problems änderte, kam aus einer völlig unerwarteten Richtung: Die Mongolen betraten den Schauplatz der Geschichte. Die Auswirkungen, die dies auf die Weltanschauung der westlichen Christenheit hatte, waren zahlreich und unterschiedlich. Zuerst erweiterten die Mongolen vom Zeitpunkt ihres Auftretens an den geographischen Horizont in sehr hohem Maße, und damit vervielfachte sich die Anzahl der Menschen, von deren Existenz auf Erden man wußte. Es gibt keinen Grund zu der Annahme, daß im Abendland irgendein bedeutender Mann zwischen Beda und Petrus Venerabilis über den Islam hinausgesehen hätte. Nach jahrhundertelanger Nachbarschaft hatte sich das Bild insofern erweitert, als Petrus Venerabilis schätzen konnte, dem Islam gehörte ein Drittel, oder vielleicht sogar die Hälfte der Menschheit an [11]. Das war ein Schritt auf die Wahrheit zu. Im Vergleich zur übrigen Welt schrumpfte die Christenheit zusammen, aber der Islam war im wesentlichen noch immer ein Randphänomen. Um die Mitte des dreizehnten Jahrhunderts sah man aber ein, daß dieses Bild, ebenso wie die damit zusammenhängende Schätzung der Zahlen, ganz irreführend war. Es war viel zu optimistisch. Auf jeden Christen entfielen zehn, oder vielleicht hundert Ungläubige. Keiner wußte es, und die geschätzte Zahl wuchs mit jeder neuen Erkenntnis.

Eine Folge davon war, daß man entweder den Kreuzzug ganz unmöglich erscheinen lassen, oder seine Ziele und Methoden von Grund auf neu formulieren mußte. Das restliche Mittelalter hindurch war die westliche Welt in diese beiden Lager gespalten: Entweder man forderte das Ende der Kreuzzüge oder man forderte sehr viel mehr und bessere Kreuzzüge. Was jedoch nicht mehr möglich war, war das unbekümmerte Improvisieren und das kurzsichtige Planen der Vergangenheit.

Ferner mußten sich selbst die fanatischsten Verfechter des Kreuzzuges dem intellektuellen Gehalt des muslimischen Glaubens und seiner Widerlegung zuwenden. Sei es, um den Widerstandswillen des Feindes zu schwächen und möglicherweise seine Unterstützung zu gewinnen, sei es, um die erschlaffenden Kräfte des Abendlandes anzuspannen, indem man es stärker von seiner militärischen Anstrengung überzeugte. Selbstverständlich engagierten sich jene, die mit dem Kreuzzug nicht sympathisierten, noch mehr bei der Aufgabe, zu begreifen und zu widerlegen.

In westlichen Augen wuchs die Anzahl der Ungläubigen im Laufe des dreizehnten Jahrhunderts auf beunruhigende Weise; aber in mancher Hinsicht wogen die Gewinne die Verluste auf. Zunächst: selbst wenn die meisten Neulinge auf der Weltbühne auch Ungläubige sein mochten, waren sie doch zumindest keine Muslime; und so schrecklich die Mongolen in militärischer Hinsicht waren – intellektuell hielt man sie schon sehr bald für unbedeutend. Tatsächlich ergab sich rasch eine überaus komplexe Situation. Zwar waren die Mongolen wirklich furchterregend, aber von ihrer geographischen Position her gesehen mußte ihr erster Gegner fast zwangsläufig der Islam und nicht die Christenheit sein, und man hoffte, diesen geographischen Faktor durch eine geschickte Handhabung für das Abendland ausnutzen zu können.

An dieser Stelle wurden zwei andere Faktoren deutlich. Eines der ersten Ergebnisse dieses Kontaktes zwischen Europa und Asien bestand darin, daß ein ungeahntes Maß an Übereinstimmung zwischen dem Christentum und dem Islam deutlich wurde. Selbstverständlich war dies, wie wir gesehen haben, bereits im ganz frühen zwölften Jahrhundert von einigen klar erkannt worden. Aber unter den Verhältnissen, die im zwölften Jahrhundert herrschten, hatte man die

Punkte, in denen man übereinstimmte, für nicht besonders wichtig erachtet. Das zweite große Ergebnis des Kontaktes mit den Mongolen war, daß die Existenz einer großen Anzahl von primitiven Christen aufgedeckt wurde, von denen das Abendland zuvor überhaupt nichts gewußt hatte. Im dreizehnten Jahrhundert erreichten Dichtung und Wahrheit über diese Leute einen hohen Bekanntheitsgrad, womit auf bemerkenswerte Weise das Denken des Abendlandes über die Welt draußen beeinflußt wurde.

Die Situation entwickelte sich im Laufe des dreizehnten Jahrhunderts dergestalt, daß sich eine verwirrende Vielfalt von Ursachen für Hoffnungen, auch Befürchtungen ganz neuer Art ergab. Und wie sich dies in der Praxis auswirkte, wird uns im Rest dieses Kapitels beschäftigen.

Wir befassen uns in erster Linie nicht mit den Ereignissen, sondern mit den Auswirkungen, die diese Ereignisse auf das hatten, was wir schlagwortartig das Weltbild der abendländischen Beobachter nennen wollen. Daher scheint es statthaft zu sein, die Situation, die ich soeben skizziert habe, in einer episodischen Weise zu behandeln und ein paar Momente herauszugreifen, in denen mit dem Verstand klar erkennbare Bilder beobachtet werden können. Ich arrangiere diese Momentaufnahmen mit Zwischenräumen entlang der chronologischen Linie 1221 – 1254 – 1268 – 1283; wenn wir das Jahr 1283 erreichen, werden wir beinahe schon ans Ende der Zeit des Hoffens gelangt sein.

Der Fünfte Kreuzzug

Meine erste Jahreszahl ist die des Fünften Kreuzzuges. Schauplatz ist Damiette, ein Ort an der Mündung des östlichen Hauptarms des Nil. Dieser Kreuzzug wird vergleichsweise wenig erwähnt, weil er keinerlei praktische Ergebnisse zeitigte. Aber in intellektueller und emotionaler Hinsicht war er aus vielen Gründen bedeutsam. Es war der einzige Kreuzzug, der jemals effektiv vom Papsttum geleitet wurde, und zwar von einem päpstlichen Legaten, der ihn ohne Mitleid zu einem großen, vorherbestimmten Abschluß brachte. Fast stellte er einen Wendepunkt in der europäischen Geschichte dar, und wurde dann ganz plötzlich zu einer der größten Niederlagen der Geschichte. Aber im Frühjahr des Jahres 1221 war man voller Zuversicht. Der Legat berichtete seinem Herrn über die Situation, und am 13. März teilte der Papst den wesentlichen Kern dieser Botschaft dem Erzbischof von Trier mit. Hier ist ein Auszug aus dem päpstlichen Schreiben:

> Offenbar hat der Herr begonnen, seine Sache zur Entscheidung zu bringen – eingedenk der Ungerechtigkeiten, die sein Volk täglich erleidet, und der Schreie jener, die nach ihm rufen. Denn fürwahr, wie uns unser ehrwürdiger Bruder Pelagius, der Bischof von Albano

und Legat des Apostolischen Stuhles, mitteilte, ist König David, gemeinhin genannt »Priester Johannes«, ein katholischer und gottesfürchtiger Mann, mit einer mächtigen Armee in Persien einmarschiert, hat den Sultan von Persien in einer regelrechten Schlacht besiegt, ist einen Zwanzig-Tage-Marsch tief in sein Königreich eingedrungen und hat es besetzt. Er hat dort viele Städte und Burgen in seiner Gewalt. Seine Armee ist nur einen Zehn-Tage-Marsch von Bagdad entfernt, einer großen und berühmten Stadt und einem besonderen Sitz des Kalifen, den die Sarazenen ihren Hohenpriester und Bischof nennen. Die Furcht vor diesen Geschehnissen veranlaßte den Sultan von Aleppo, den Bruder der Sultane von Damaskus und Kairo, seine Waffen, mit denen er einen Angriff gegen die christlichen Truppen bei Damiette plante, gegen diesen König zu richten. Zudem hat unser Legat Botschafter an die Georgier gesandt, die ihrerseits katholische, mächtig bewaffnete Menschen sind, um sie zu fragen und anzuflehen, an ihrer Seite Krieg gegen die Sarazenen zu führen. Daher hoffen wir, daß unsere Armee, wenn sie die Hilfe erhalten hat, die sie für den Sommer erhofft, mit Gottes Hilfe leicht das Land Ägypten besetzen wird, während die Truppen der Sarazenen, die aus allen Gegenden zusammengerufen wurden, um es zu verteidigen, verstreut werden, um die Grenzen ihres Landes zu verteidigen [12].

Hier also erkennen wir die ersten Auswirkungen, die die Mongolen auf den Geist im Zentrum der Christenheit hatten, und die frühesten Hoffnungen, die das Erscheinen großer christlicher Heere außerhalb der Grenzen der griechisch-römischen Welt erweckte. Der Papst berichtete nur, was die meisten Kreuzfahrer dachten, und was einige nach Hause schrieben. Einer dieser in die Heimat geschickten Briefe ist erhalten geblieben, und in ihm wird der Bericht des Papstes wiederholt: »König David ... fast 400 000 Mann, einschließlich 132 000 christliche Ritter ... Persien überrannt ... Eroberung Bagdads unmittelbar erwartet.« Kurz gesagt, das Abendland war dabei, durch eine größere christliche Armee, die aus dem Fernen Osten vorrückte, von der Angst vor dem Islam befreit zu werden. Die Zeit war gekommen, daß die lang voneinander getrennten orientalischen und abendländischen Christen einvernehmlich handelten, um ihren gemeinsamen Feind zu zerschmettern.

Viel davon war Phantasie, aber nicht alles. Zwar stellte sich heraus, daß König David Dschingis Khan war, daß er starb, ohne Bagdad erobert zu haben, daß seine christlichen Ritter Phantasieprodukte waren, und daß die Mongolen später lange Jahre hindurch den stillen Männern in den Klöstern des Abendlandes eiskalte Schauer den Rücken hinunterjagten. Aber die wesentlichen Elemente in der Phantasie sollten sich letzten Endes mit ganz erstaunlicher Genauigkeit als historische Tatsachen erweisen. Bagdad fiel schließlich an die Mongolen; die orientalischen Christen waren, wenn schon nicht Ritter, so doch zumindest zahlreich, und die Christen Georgiens waren zwar weder zuverlässig noch katholisch, aber wenigstens wirklich existent.

Wilhelm von Rubroek

Ehe Bagdad 1258 schließlich fiel, kommen wir zum zweiten unserer chronologischen Marksteine. Er ist viel soliderer Natur als die Träumereien von 1221. Das Datum ist der 30. Mai 1254, und der Ort der Handlung ist die nunmehr verschwundene Stadt Karakorum – in der heutigen Mongolei, unweit der Grenze zur UdSSR gelegen. Zeit und Ort lieferten den Schauplatz für die erste von Vertretern aus Ost und West geführte Welt-Debatte in der modernen Geschichte. Es war ein bemerkenswertes Ereignis, der Hintergrund muß kurz skizziert werden. Neun Jahre vor diesem Tag hatte der Genueser Papst Innozenz IV. den italienischen Franziskaner Johannes von Piano Carpini ausgesandt, damit dieser einen Bericht über die Situation der Mongolen verfasse, von deren Einstellung zum Abendland so viel abhing. Das war 1245 gewesen. Vier Jahre später scheiterte der erste der kläglichen Kreuzzüge Ludwigs IX. in den Gewässern des Nil, die bereits 1221 den Kreuzzug zunichte gemacht hatten. Unter dem Eindruck dieser Schlappe sandte Ludwig den flämischen Franziskaner Wilhelm von Rubroek auf eine weitere Erkundungsreise zu den Mongolen [13]. Er erreichte im Mai 1254 die mongolische Hauptstadt, und hier inszenierte der Großkhan jene gerade erwähnte Debatte. An der Debatte nahmen vier Gruppen von Personen teil: Wilhelm von Rubroek sprach für die Lateiner; ihm standen Vertreter der drei Religionen Asiens gegenüber: nestorianische Christen, Buddhisten und Muslime. Die Debatte dauerte den ganzen Tag. Ich werde eine kurze Zusammenfassung von ihrem Ablauf geben und dann versuchen, die Lehren zu erläutern, die daraus gezogen werden konnten, sofern diese die Beziehungen zwischen dem Islam und der Christenheit betrafen.

Bei der ersten Frage ging es um die Reihenfolge, in der die Debatte geführt werden sollte. Wilhelm von Rubroek war einerseits in einer schwachen Position, da er nur durch einen Dolmetscher sprechen konnte; andererseits jedoch war er insofern im Vorteil, als er ein Neuling war und im Mittelpunkt des Interesses stand. Abgesehen von den sprachlichen Schwierigkeiten hatte er zwei Probleme: Erstens mußte er sich vergewissern, daß er sich mit den richtigen Gegnern in der richtigen Reihenfolge maß; zweitens mußte er es so einrichten, daß die richtigen Fragen – d. h. also diejenigen, wo er in der stärksten Position war – als erste gestellt wurden. Diese beiden Probleme löste er meisterhaft. Er fing damit an, daß er gemeinsame Sache mit den Nestorianern machte. Das war ein elementarer taktischer Zug. Aber es war auch wichtig, daß er, nicht seine Verbündeten, die Argumentation führte. Die Nestorianer hatten nämlich, wie er feststellte, keine Ahnung davon, wie etwas zu beweisen sei. Die einzige Vorstellung, die sie von Argumentation hatten, bestand im Zitieren der Schriften, und das war, wie Wilhelm ihnen zu Recht sagte, sinnlos; denn »wenn ihr eine Schrift rezitiert, werden unsere Gegner mit einer anderen antworten«. Er überzeugte schließlich seine Verbündeten davon, daß er ihr Sprecher sein sollte, indem er argumentierte, seine sprachliche Schwäche mache dies notwendig: »Wenn ich geschlagen werde, könnt ihr die Diskussion übernehmen; wenn aber ihr geschlagen seid, dann besteht keine Aussicht, daß man mir noch zuhört.« So entschied er die erste Runde für sich.

Bei der nächsten Frage war zu entscheiden, ob man sich zuerst die Buddhisten oder die Muslime vornehmen sollte. Die Nestorianer waren sehr für eine unverzügliche Attacke gegen die Muslime. Aber hier offenbarten sie wiederum ihre dialektische Unbelecktheit. Wie Wilhelm erklärte, stimmten die Christen und Muslime über die grundlegenden Fragen zur Natur und Existenz eines einzigen Gottes überein. Wenn es gegen die Buddhisten gehe, würden sie deshalb als Verbündete beginnen. In einem Disput mit den Muslimen hätten die Christen überhaupt keine Bundesgenossen.

Mit einiger Mühe gelang es Wilhelm, sich auch in diesem Punkt durchzusetzen, dann nahm die Debatte ihren Lauf. Die Buddhisten wollten mit der Diskussion darüber beginnen, ob die Welt erschaffen sei, und was nach dem Tode mit den Seelen geschähe. Aber hier antwortete der kluge Wilhelm: »Freund, das ist nicht der rechte Anfang. Alle Dinge sind von Gott. Er ist die Quelle und der Beginn von allem. Daher sollten wir zuerst von Gott sprechen, über den ihr anderer Meinung seid als wir.«

Diese Verfahrensfrage wurde an die Schiedsrichter weitergeleitet, die der Khan zur Leitung der Debatte ausgewählt hatte, und sie kamen überein, daß Wilhelms Argument vernünftig sei. Also setzte er sich auch hier durch, und einen großen Teil des Tages verbrachte man damit, daß man die rivalisierenden Meinungen über Gott diskutierte. In diesem Punkt stimmten sowohl Lateiner als auch Nestorianer und Muslime gegen die Buddhisten überein.

Der Leser wird wohl kaum die Argumente hören wollen, die zu Gunsten des Monotheismus einerseits und zu Gunsten des Polytheismus andererseits angeführt werden können, und ich muß nicht lange darauf hinweisen, daß zumindest in Wilhelms Darstellung die monotheistischen Argumente eindeutig die Oberhand hatten. Und das ist auch nicht unwahrscheinlich. Wilhelm konnte mit der Autorität und Präzision einer langen philosophischen Tradition sprechen. Seine Gegner hatten sich in komplizierten Genealogien von Göttern im Himmel und Göttern auf Erden verheddert, konnten auf die Frage nach Gottes Allmacht keine klare Antwort geben. Schließlich legten sie sich dahingehend fest, daß kein Gott allmächtig sei, und an dieser Stelle erlebte Wilhelm den angenehmen Triumph, daß die Muslime unter den Zuschauern laut auflachten.

Nun wurden die Nestorianer ungeduldig. Sie wollten mit den Muslimen in den Ring steigen; Wilhelm zog sich zurück, um sie sprechen zu lassen. Hier wartete ein neuer Triumph auf ihn und seine Freunde, insofern die Muslime eine Diskussion ablehnten. »Wir geben zu«, sagten sie, »daß Euer Gesetz wahr ist und das Evangelium wahr ist. Wir haben kein Verlangen, uns mit euch zu streiten.« Und sie bekannten, daß sie in ihren Gebeten um einen christlichen Tod beteten. So endete die Debatte damit, daß Christen und Muslime einen gemeinsamen Sieg über die Buddhisten davontrugen, und daß alle reichlich tranken.

Wir können selbstverständlich nicht dafür bürgen, daß Wilhelm von Rubroek einen objektiven Bericht über diese Debatte lieferte, aber in seinen Hauptzügen scheint er ziemlich glaubwürdig zu sein. Und – was wichtiger ist: dies ist die Darstellung, die ins Abendland gebracht wurde. Welchen Eindruck machte sie damals? Welchen Eindruck erweckt sie heute?

Zuerst wurde damit die dialektische Überlegenheit der Lateiner bewiesen. Die lange logische Vorbereitung, durch die sich die Schulen des Abendlandes seit mehr als hundert Jahren ihren Weg gebahnt hatten, trug endlich Früchte. Wilhelm von Rubroek wußte, wie man über theologische Fragen disputierte, und seine Widersacher wußten es nicht. Die Debatte bestärkte die Auffassung, daß ein dialektischer Sieg ziemlich leicht errungen werden könne. Aber sie zeigte auch, daß die Dialektik durch eine gewisse Kenntnis von Fremdsprachen gefördert werden mußte, wenn sie auf weltweiter Ebene wirksam sein sollte. Dann warf sie ferner ein gewisses Licht auf die Freunde und Feinde der Christenheit: Sie trug dazu bei, daß die Nestorianer als einfache Menschen ohne Arg betrachtet wurden, die in der Argumentation unerfahren waren und die an der Hand genommen und geführt werden mußten. Die Buddhisten entpuppten sich als Leute, die sehr wenig zu ihren Gunsten zu sagen hatten, was nicht leicht hätte beantwortet werden können. Die Muslime erkannte man als Leute, die dem Christentum nahestanden und intellektuell, wenn nicht gar militärisch, potentielle Bundesgenossen waren.

Wilhelm von Rubroeks Tagebuch, das seine Erfahrungen festhielt, wurde nicht in breiten Kreisen gelesen. Den existierenden Manuskripten nach zu schließen, scheint es tatsächlich nur in England gelesen worden zu sein [14]. Man muß nicht viel Phantasie haben, um seine ziemlich weite Verbreitung in England mit einem Engländer in Zusammenhang zu bringen, der bekanntlich die Geschehnisse der Welt draußen mit dem Autor dieses Tagebuchs diskutiert hat. Dieser Engländer ist Roger Bacon, und er führt uns zur dritten Station in unserer Reihe und zu den Abhandlungen, die er in den Jahren 1266 bis 1268 für Papst Klemens IV. schrieb.

Roger Bacon

Über das Leben Roger Bacons weiß man, trotz seines großen Ruhms, sehr wenig. Seine bekannten und veröffentlichten Werke sind jetzt umfangreich, aber sie sind noch nicht vollständig untersucht worden, und über die Frage ihres Wertes wird man sich wahrscheinlich niemals ganz einigen werden. Er ist ein Mann, der gleichermaßen überschätzt wie unterschätzt wurde – überschätzt für das, was er nicht tat, unterschätzt für das, was er tat. Wenn ich einen kleinen Ausschnitt seines Denkens darstelle, werde ich einen klugen Mann mit staatsmännischem Blick schildern, der besser als die meisten seiner Zeitgenossen informiert war, aber ihre Hoffnungen und Befürchtungen teilte, und der im Rahmen der ererbten Methoden der großen Schulen von Paris und Oxford wirkte.

Sein Kontakt mit dem Islam war in erster Linie philosophischer Natur. Er war in dem Augenblick zum Manne herangereift, als sich der philosophische Einfluß muslimischer Autoren zum erstenmal wirklich stark auf die abendländischen Theologen auswirkte. Es würde uns zu weit von unserem eigentlichen Gegenstand wegführen, wenn wir uns lange bei diesem faszinierenden Thema aufhielten, bei dem im Vergleich zu jener Situation, die ich im Zeitalter Gerberts und Avicennas beschrieben habe, ein dramatischer Wandel zu beobachten ist. Aber da der Besitz einer gemeinsamen philosophischen Methode im dreizehnten Jahrhundert das große neue Band zwischen dem Islam und dem Abendland war – wir sahen, wie es den Lauf der Debatte im weit entfernten Karakorum beeinflußte –, muß man ein paar Worte zu der Art und Weise sagen, wie es zu dieser Umkehr der früheren philosophischen Isolierung des Abendlandes gekommen war.

Der Wandel ging zum großen Teil auf das Werk einer kleinen Gruppe eifriger Übersetzer zurück, die im dritten Viertel des zwölften Jahrhunderts in Toledo tätig waren [15]. Diese Leute machten die Werke der großen muslimischen Philosophen Al-Kindī, Al-Fārābī, Avicenna und anderer im Abendland bekannt. Sie brachten das Abendland in nicht geringem Ausmaß zum erstenmal in den Besitz der Tradition des philosophischen und wissenschaftlichen Denkens der Griechen, das in den ersten Jahrhunderten des Islam dort einen prägenden Einfluß besessen hatte. Ein großer Teil dieses Werkes war am Ende des zwölften Jahrhunderts in lateinischer Sprache zugänglich; aber erst ungefähr im Jahr 1230 – Roger Bacon begann seine Universitätslaufbahn – bahnten sich die Ideen und die Terminologie dieser Schriften ihren Weg in die lateinische Theologie – notwendigerweise der schwierigste Sieg in ihrer erfolgreichen Karriere. Die Theologen einer früheren Generation hätte es verwirrt, den Namen des Avicenna neben dem des Augustinus zitiert zu sehen. Aber genau das war es, was mit erstaunlicher Geschwindigkeit geschah. Moderne Gelehrte finden immer umfassendere Spuren des Einflusses, den muslimische Autoren in der Theologie des dreizehnten Jahrhunderts hatten. Seit der Zeit von Renans großem Werk weiß man, daß der lateinische Averroismus, der seinen Namen von dem letzten großen Aristoteliker unter den Muslimen herleitet, im späteren dreizehnten Jahrhundert eine große wie sehr verdächtige Denkschule war. In jüngerer Zeit jedoch ist eine frühere Phase von dem, was man den lateinischen Avicennismus genannt hat, ans Tageslicht gekommen, und wahrscheinlich harrt eine frühe, orthodoxe Phase des Averroismus noch einer gründlichen Erforschung.

Das Ausmaß, in dem diese Einflüsse die Weltanschauung gelehrter Europäer in dem halben Jahrhundert nach 1230 veränderten, läßt sich schwerlich übertreiben. Es ist so, wie wenn moderne Wirtschaftswissenschaftler, die in der Tradition von Alfred Marshall und Keynes stehen, plötzlich beginnen würden, die Sprache von Karl Marx zu verwenden, oder wenn liberale Staatsmänner sich in der Sprache Lenins ausdrückten. Lassen Sie mich ein Beispiel dafür nennen, was das in der Praxis bedeutete.

Es gehört zu den allgemein verbreiteten Lehren der christlichen Theologie, daß die Seelen der Seligen im Paradies der unmittelbaren Anschauung Gottes teilhaftig werden. Wenn es die Universität von Paris im Januar 1241 also für notwendig hielt, die gegenteilige Ansicht zu verurteilen und den traditionellen Standpunkt zu bekräftigen, können wir sicher sein, daß es etwas gegeben hatte, das die Einmütigkeit der Theologen über dieses Thema gestört hatte. Was es mit der Störung genauer auf sich hatte, war eine Zeitlang Gegenstand einer Erörterung. Erst vor kurzem wurde die mutmaßliche Quelle der Störung lokalisiert – und zwar in Avicennas Einzugsgebiet, das sich im Jahrzehnt vor 1241 im Abendland rasch vergrößert hatte[16]. Avicenna hatte gemeint, daß der Schöpfer niemals direkt von einem erschaffenen Wesen erkannt werden könne. Diese Betonung der Trennung zwischen Gott und Mensch gehört zu den Punkten, bei denen islamische Vorstellungen sehr eindeutig von jenen des Christentums abweichen. Aber dies scheint – unter dem Patronat Avicennas – in den akademischen Kreisen des Abendlandes einen gewissen Anklang gefunden zu haben. Die neue Auffassung löste viele Reaktionen aus. Eine der schwerwiegendsten war die von Thomas von Aquin, die sich in einer langen, um das Jahr 1250 geschriebenen Erörterung findet. Thomas von Aquin unterstützte, wie wir es erwarten sollten, die frühere, orthodoxe Meinung, daß die Seelen der Seligen Gott direkt schauen. Aber bei der Antwort auf diesen von muslimischer Seite inspirierten Irrtum bediente er sich der Sprache und der Formeln eines anderen muslimischen Philosophen – Averroes. War also der Irrtum der von Avicenna, so war die Sprache der Verteidigung die von Averroes. Abendländische Theologen aller Schattierungen zögerten Mitte des dreizehnten Jahrhunderts nicht, bei einer zentralen theologischen Streitfrage die traditionellen Meinungen im Lichte der islamischen Philosophie neu zu betrachten, oder zumindest die traditionellen Meinungen in der Sprache dieser Philosophen neu zu formulieren.

Man ist versucht, bei diesem faszinierenden Blick auf die christliche Theologie länger zu verweilen, die in ihren Auffassungen und in ihrer Sprache von der islamischen Philosophie beeinflußt wurde. Dieser scholastische Einfluß war freilich nur ein Aspekt einer weiterreichenden Durchdringung. Heute scheint zum Beispiel festzustehen, daß ein Werk, das etwa in dieser Zeit aus dem Arabischen ins Französische und Lateinische übersetzt wurde und das von Mohammeds Reise durch die Himmel handelt, einen – vielleicht tief wirkenden – Einfluß auf den Entwurf von Dantes *Divina Commedia* hatte [17]. Als Dante den islamischen Philosophen Avicenna und Averroes sowie dem islamischen Krieger Saladin als den einzigen Modernen unter den Weisen und Helden der Antike in der Vorhölle einen Platz zuwies, gestand er eine Schuld der Christenheit gegenüber dem Islam ein, die weit über alles hinausging, was er in Worten hätte ausdrücken können [18]. Aber das führt uns von unserem Thema ab. Wir müssen zu Roger Bacon zurückkehren und sehen, wie sich die intellektuelle und geographische Horizonterweiterung seiner Tage bei ihm widerspiegelt.

In den Jahren 1266–1268 stillte Bacon seinen langgehegten Ehrgeiz und teilte dem Papst direkt und ungeschminkt mit, was mit der Situation der Christenheit seiner Meinung nach nicht in Ordnung war. Er war ein Mann, der gern Stellung bezog, und er ging mit Leidenschaft ans Werk. Seine Gedanken faßte er in einer Reihe von Werken unterschiedlichen Umfangs zusammen. In allen Werken wird aber mehr oder weniger dasselbe – d. h. alles, was es gab – behandelt. Darin finden sich viele Wiederholungen, törichte Beschimpfungen seiner Zeitgenossen und selbstbewußte Empfehlungen für die Zukunft. Diese Werke gehören zu den berühmtesten des Mittelalters – sicherlich aber gehören sie zu den lesbarsten [19]. Aber erst vor ganz kurzer Zeit ist das Originalmanuskript, das Bacon abgeschickt hatte, ans Tageslicht gekommen. Es enthält seine Einfälle der allerletzten Minute und besondere Zeichen, mit denen er die Aufmerksamkeit auf wichtige Punkte lenken wollte. Erst kürzlich wurde der abschließende Teil des *Opus Maius* über Moralphilosophie von diesem Originalmanuskript

abgedruckt [20]. Und daraus können wir uns eine umfassende Vorstellung von dem Einfluß machen, den der Islam auf Roger Bacon ausübte.
Wir sehen, daß Bacon den tatsächlichen Rang der Christenheit in der Welt jetzt einschätzen konnte, was ihm zu einem früheren Zeitpunkt kaum gelungen wäre: »Es gibt wenige Christen; die ganze Erde ist weit und breit voller Ungläubiger, und es gibt niemanden, der ihnen die Wahrheit zeigen könnte« [21]. Wenn wir fragen, warum es niemanden gibt, der ihnen die Wahrheit zeigen konnte, so lautet die Antwort: teils, weil die Ziele der Christenheit falsch gewesen sind, teils, weil ihr Rüstzeug unzureichend gewesen ist. Ihre Ziele waren deshalb falsch, weil sie von Machtgelüsten pervertiert wurden, die das Werk der Bekehrung vereitelten. Die Kriege waren erfolglos gewesen; aber selbst wenn sie erfolgreich gewesen wären, wären sie doch sinnlos gewesen: Erstens wäre es unmöglich gewesen, soviel Land in Besitz zu nehmen, und zweitens wären die Überlebenden gegen ihre Eroberer so aufgebracht gewesen, daß das Zusammenleben mit ihnen gefährlich und ihre Bekehrung unmöglich gewesen wäre. Das würde, so behauptete er, in vielen Teilen der islamischen Welt derzeit bewiesen. Die Christenheit könne also nur mittels der Predigt vergrößert werden [22]. Aber dazu fehlt es in dreierlei Hinsicht an Ausrüstung: Niemand kann die erforderlichen Sprachen; die Arten des Unglaubens sind nicht untersucht und charakterisiert worden; und die Argumente, mit denen jeder Unglaube widerlegt werden könnte, sind nicht erforscht worden.
Ein großer Teil von Bacons Werk besteht aus Skizzen, Vorschlägen, Behauptungen und einigen völlig abgedroschenen Argumenten, die auf die Wege hinweisen, auf denen sich diese Mängel beheben ließen. Im Rückblick können wir erkennen, daß Bacon viel zu optimistisch war, und selbst ohne den Vorteil späterer Einsicht war der Papst wohl Bacons Angebot gegenüber skeptisch, ihm oder jedem anderen in drei Tagen Hebräisch beizubringen [23]. Wir dürfen Bacons Optimismus aber auch nicht übertreiben. Er meint nur, daß er die Bedeutung jener hebräischen Wörter, die von den Kirchenvätern benutzt werden, lehren könne. Und was seinen generellen Optimismus angeht, so wurde dieser von vielen Zeitgenossen geteilt und durch die damaligen Ereignisse bestärkt.
Über das Lehren von Fremdsprachen wiederholt sich Bacon bis zum Überdruß. Sein Versuch, die verschiedenen Formen des Unglaubens zu analysieren und die Ursachen aufzudecken, denen sie ihre Entstehung verdankten, sowie die Einflüsse, die sie am Leben halten, – dieser Versuch also führte ihn so weit, daß er sich auf die Begründung einer neuen Wissenschaft zubewegte. Freilich mutet uns sein Klassifikationssystem heute äußerst seltsam an. Er meinte, daß alle möglichen Lebensweisen sich je nach ihrem letztlichen Ziel (Genuß, Reich-

tümer, Ehre, Macht, Berühmtheit oder das Glück eines künftigen Lebens) in sechs Kategorien einordnen ließen, und daß die Völker je nach dem Streben nach dem einen oder anderen Ziel klassifiziert werden könnten (die Sarazenen: Genuß; die Tataren: Macht usw.). Ferner glaubte er, daß sie nach der Organisation und Absicht ihres Gottesdienstes klassifiziert werden könnten, ob sie einen einzigen oder viele oder gar keine Götter hatten, oder ob sie einen Priesterstand besaßen oder nicht. Und dann wurden sie wieder hinsichtlich der planetarischen Einflüsse, unter denen sie am besten gediehen, klassifiziert [24]. Bei der Aufstellung dieser Klassifikationen wurde Bacon in starkem Maße von der *Politeia* des Aristoteles inspiriert. Aristoteles hatte die Staaten im Hinblick auf ihre Verfassung und ihr letztliches Ziel in sechs Kategorien eingeteilt. Also bediente sich Bacon bei seinem Werk einer guten Quelle, so merkwürdig das Ergebnis letzten Endes auch gewesen sein mag. Und wir müssen ihm sicherlich zugutehalten, daß er die richtige Idee hatte, als er versuchte, einen allgemeinen Überblick über all die möglichen Feinde der Christenheit zu schaffen.

Aber ein solcher Überblick wäre von geringem Wert, würde er nicht von einem Programm begleitet, wie man den durch die Untersuchung identifizierten Gegnern entgegentreten sollte. An dieser Stelle erhält nun der Islam eine völlig neue Rolle im System der Weltgeschichte zugewiesen. Bacon beginnt damit, daß er behauptet, es gebe nur zwei Möglichkeiten, die verschiedenen, von ihm analysierten Sekten von der Wahrheit zu überzeugen – entweder durch Wunder oder durch die Philosophie. In die Nützlichkeit von Wundern setzte er kein Vertrauen. Hatte er den Krieg bereits ausgeschlossen, so schloß er nun auch Wunder aus. Daraus folgt, daß nur noch die Philosophie übrigblieb. Aber genau in diesem Punkt offenbarte sich die Schwäche der Christenheit. »Die Philosophie«, so sagt er, »ist die Spezialität der Ungläubigen; wir haben die ganze Philosophie von ihnen« [25]. Die Rolle der Ungläubigen – und er muß zuerst an die Griechen und dann an die Araber gedacht haben – bestehe also darin, dem Christentum die Philosophie zu liefern, die es braucht, um sich selbst zu verstehen. Dann könne die Philosophie, bereichert um die Offenbarung, wieder zu ihnen zurückkehren [26]. Es gibt also zwischen der Christenheit und der Welt draußen ein reziprokes Handeln in der Geschichte, wo jeder den anderen mit dem versorgt, was ihm jeweils fehlt. Die Philosophie ist die *preparatio evangelica* für die Welt draußen; denn »die Kraft der Philosophie stimmt mit der Weisheit Gottes überein, ja, sie ist die Spur der göttlichen Weisheit, die dem Menschen von Gott gegeben wurde, damit dieser durch diese Spur zu den göttlichen Wahrheiten angeregt werde« [27].

Die Philosophie kann diese erhabene Rolle selbstverständlich nur dann spielen, wenn sie die Ungläubigen von ihren Irrtümern zu überzeugen vermag. Bacon nimmt sich die Religionen der Welt nacheinander vor und nennt Beispiele für die Art von Argumentation, von der er meint, sie sei gegen sie wirksam. Er versucht, Argumente vorzubringen, die einsichtige Menschen und nicht einfach die Masse überzeugen werden; »denn in jedem Volk gibt es einige begabte und fleißige Menschen, die rationaler Überzeugung fähig sind«. Er räumt ein, daß es notwendig sei, von einer gemeinsamen Basis aus zu argumentieren und diese Basis, je nach dem Gegner, mit dem man es zu tun habe, zu variieren. Er arbeitet sich durch die verschiedenen Religionen hindurch, bis er zum Islam kommt, den er als den schwierigsten aller Fälle anerkennt. Gegen den Islam führt er eine lange Reihe von Argumenten an, von denen er meint, sie seien geeignet, ihn zu widerlegen. Diese sind alle in die Form von Syllogismen gegossen, in denen die Prämissen von islamischen Autoren entweder übernommen oder inspiriert sind [28]. Ich glaube nicht, daß sie geeignet wären, viele Bekehrte zu gewinnen, obwohl sie für einen abendländischen Menschen sicherlich nicht ohne einen gewissen Reiz sind. Bacon machte den Fehler, seine Prämissen unterschiedslos dem Koran und islamischen Philosophen zu entlehnen, die für den Islam nicht so repräsentativ waren, wie er sich das – mit dem Beispiel der lateinischen scholastischen Theologen vor Augen – vorstellte. Es konnte vorkommen – und das war auch tatsächlich weitgehend der Fall –, daß diese gerade zu diesem Zeitpunkt von orthodoxen Muslimen über Bord geworfen wurden. Er argumentierte insgesamt zu leichtfertig, wenn er seine Hiebe austeilte, mit denen der Islam in einer Folge schneller Angriffe zerschmettert werden sollte. Aber wir dürfen nicht zu hart sein, wenn wir die Empfehlungen verurteilen, die am Ende von beinahe tausend Seiten voller Argumentation und Beschwerden gegeben werden, die er in Eile, ohne Ermunterung, auf eigene Kosten und zum Nutzen der Christenheit geschrieben hat. Das Werk war ein bemerkenswertes Beispiel für die Kombination von Gelegenheit und Eifer. In seiner Vollständigkeit und Methode, seinem Vertrauen auf die Argumentation und seiner Anerkennung der philosophischen Stärke des Islam stellt es den Höhepunkt jener Strömung dar, in der Hoffnung und Vernunft zusammentrafen.

Lassen Sie mich einen Augenblick innehalten, um den großen Unterschied zwischen diesem Weltbild Bacons und jenem der Autoren zu erläutern, über die wir bereits gesprochen haben. Der erste und wichtigste Unterschied besteht darin, daß frühere Denker den Islam als eine Religion angesehen hatten, die nur eine negative Rolle in der Geschichte spielte, weil sie von der Wahrheit ablenkte, auf den letztlichen Holocaust des Antichrist vorbereitete und Teil einer nach unten gerichteten Bewegung war. Bacon hingegen – und er ist nicht der einzige Mensch seiner Zeit, der dies erkannte – hatte eine gewisse Vorstellung von einer nach oben gerichteten Bewegung, die auf Einheit und Klarheit abzielte, und in der der Islam vor seinem Untergang eine wesentliche Rolle zu spielen hatte. Er ließ die Bibel als Instrument zum Verständnis der Rolle des Islam in der Welt völlig außer acht und vertraute einzig der Philosophie. Bezüglich seiner Islamkenntnis verließ er sich auf muslimische Philosophen und die Erfahrung von Reisenden, und nicht auf die dürftigen und sporadischen Bruchstücke von Informationen, die die früheren Autoren gekennzeichnet hatten. Die Philosophen und Reisenden waren weniger zuverlässige Führer als er glaubte. Er wußte nicht viel, und vielleicht wußte er nicht die richtigen Dinge; aber er versuchte zu wissen, und er versuchte, sein Wissen zu ordnen.

Die hoffnungsvollen Jahrzehnte

Obwohl Bacon nach 1268 aus dem Blickfeld verschwindet bzw. nur unregelmäßig in Ungnade oder im Gefängnis auftaucht, scheint die Stimmung, in der er schrieb, eine Zeitlang mit den Fakten übereingestimmt zu haben. In den Berichten von Orientreisenden schwang in den folgenden zwanzig Jahren dieselbe optimistische Stimmung mit. Zum Beispiel schrieb Wilhelm von Tripolis, ein Dominikanermönch in Akka, für den Archidiakon von Lüttich im Jahr 1273 eine Darstellung des Islam, in welcher er feststellte: »Obwohl ihre Glaubensvorstellungen in viele Lügen eingepackt und mit Hirngespinsten ausgeschmückt sind, scheint es nunmehr doch offenkundig zu sein, daß sie dem christlichen Glauben nahe und vom Weg des Heils nicht weit entfernt sind.« [29]

Außerdem berichtete er von einer gemeinsamen Vorstellung, die alle Muslime in ihrem Herzen trügen, daß nämlich der Glaube und die Lehre Mohammeds, wie die der Juden, bald zu einem Ende kommen werde, und nur der Glaube Christi fest bleiben und andauern werde, solange die Welt besteht [30]. Bacon hatte aus literarischen Quellen etwas über diesen Glauben erfahren, und wir wissen, daß es einen Ausspruch gab, der volkstümlich Mohammed zugeschrieben wurde, demzufolge seine Religion nur so lange dauern werde, wie die Dynastie der ʿAbbāsiden [31]. Diese Dynastie war im Zuge der Plünderung Bagdads im Jahr 1258 ausgelöscht worden. Wenn also die Prophezeiung irgendwie stichhaltig war, dann stand das Ende des Islam bevor. Wilhelm von Tripolis gab auch eine Kritik am Propheten wieder und entdeckte das unter Muslimen verbreitete Bewußtsein, daß ihnen eine klar formulierte Theologie abgehe [32]. Er selbst habe, so sagt er, mehr als tausend Muslime getauft [33]. Jeder, der diesen Bericht liest, hätte den Schluß gezogen, daß das Feld reif zum Abernten sei.

Während Wilhelm von Tripolis sagte, der Islam stehe kurz vor seiner

Auflösung, gab es ebenso hoffnungsvolle Anzeichen dafür, daß die Christen des Orients zur Vereinigung mit ihren abendländischen Brüdern bereit waren. 1283 schrieb ein deutscher Reisender, Burchardus de Monte Sion, einen Bericht über seine Erlebnisse. Er hatte viele der lateinischen Städte gesehen, die noch entlang der syrischen Küste bestanden, und er hatte die große Anzahl der christlichen Gemeinden im Innern beobachtet. Über diese schrieb er begeistert:

> Auch wenn einige, die von Dingen reden, die sie nie gesehen haben, das Gegenteil behaupten, muß hervorgehoben werden – und das ist die schlichte Wahrheit –, daß sich, außer den Sarazenen und bestimmten Türken, die in Kappadokien leben, der gesamte Orient, vom Mittelmeer bis nach Indien und Äthiopien, zum Namen Christi bekennt. Auf Grund dessen, was ich selbst gesehen und von anderen, die die Tatsachen kennen, gehört habe, stelle ich klar fest, daß ihr an jedem Ort und in jedem Königreich – außer in Ägypten und Arabien, wo viele Sarazenen und andere Anhänger Mohammeds leben – immer finden werdet, daß dreißig oder mehr Christen auf einen Sarazenen entfallen. All diese Überseechristen aber gehören zu orientalischen Völkern, die im Umgang mit Waffen wenig geschickt sind. Wenn sie also von Sarazenen, Tataren und anderen angegriffen werden, lassen sie sich unterwerfen und erlangen Ruhe und Frieden dadurch, daß sie Tribute entrichten. Und die Sarazenen und andere, die über sie herrschen, schicken Verwalter und Steuereintreiber in ihre Gebiete. Deshalb kommt es vor, daß das Reich nach den Sarazenen benannt wird, obwohl der größere Teil der Bevölkerung aus Christen besteht, außer den Verwaltern und Steuereintreibern und deren Gefolge. Ich selbst habe das in Kilikien und Kleinarmenien gesehen, das unter der Herrschaft der Tataren steht; denn ich war drei Wochen lang mit dem König von Armenien und Kilikien zusammen. Bei ihm waren einige Tataren, aber alle anderen, die zum Haushalt gehörten, waren Christen. Ihre Anzahl bewegte sich um die zweihundert. Ich sah, wie sie zur Kirche strömten, die Messe hörten und im frommen Gebete dahnieten. Überdies erwiesen sie mir, wo immer sie auch hingingen, große Ehren, zogen ihre Kappen, verbeugten sich ehrerbietig, grüßten uns und kamen auf uns zu.
>
> Viele Leute erschrecken, wenn sie hören, daß diese Länder in Übersee von Nestorianern, Jakobiten, Maroniten, Georgiern u. a. bewohnt sind, die ihre Namen ja von Ketzern ableiten, die die Kirche verurteilt hat. Aber das ist völlig falsch. Gott behüte, daß es so sei! Sie sind einfache Menschen, die sich fromm gebärden. Ich leugne nicht, daß es unter ihnen ein paar Einfältige geben mag, so wie es der römischen Kirche auch nicht an Toren mangelt. Aber all die oben genannten Völker und andere, die aufzuzählen zu weit füh-

ren würde, haben ihre Erzbischöfe, Bischöfe und Äbte und andere Geistliche, geradeso wie wir, und sie werden genauso genannt; nur bei den Nestorianern heißt der oberste Geistliche Iaselick, und ich habe erfahren, daß seine Rechtsprechung von viel größerer Reichweite im Orient ist, als die der ganzen abendländischen Kirche [34].

Hier haben wir in der Tat ein heiter stimmendes Bild von der großen Welt Asiens: Die Christen sind zahlreich; es sind arglose Menschen, beinahe schon Katholiken; der Islam ist schwach und kaum verbreitet; sein Werk ist vollendet, und er sieht in tiefer Mutlosigkeit seinem erwarteten Ende entgegen. Was die Mongolen anbelangt, so hatten sie im Abendland fünfzig Jahre lang abwechselnd Angst und Hoffnung geweckt. Jetzt aber wurde ihre Stellung deutlich: Sie waren auf einmal das stützende Element für die Existenz der fernen Christen und das Werkzeug zur endgültigen Vernichtung des Islam. Wir haben das Zeugnis verschiedener westeuropäischer Nationalitäten gesehen – Bacon war Engländer, Wilhelm von Rubroek ein Flame, Wilhelm von Tripolis wahrscheinlich ein Franzose, Burchardus de Monte Sion ein Deutscher –, alle stimmen in diesem generellen Punkt überein. Die kurze Zeitspanne von etwa dreißig Jahren – von 1260 bis 1290 –, als dieses Weltbild vernünftigen Menschen als ziemlich überzeugend erscheinen konnte, war die hoffnungsvollste Phase des Mittelalters. Ihren Höhepunkt erreichte sie, als zwischen 1285 und 1290 mongolische Gesandtschaften in das Abendland kamen, und zwar mit dem erklärten Ziel, einen gemeinsamen Angriff auf den Islam vorzubereiten. Diese Gesandtschaften wurden von nestorianischen Christen geleitet, und 1287 kam es zu dem beispiellosen Schauspiel, daß der Führer der mongolischen Gesandtschaft in Anwesenheit des Papstes der Messe in Sankt Peter beiwohnte [35]. Welch ein Bild ewigen und allgemeinen Friedens und der Einheit tat sich hier auf! Der Islam – entweder vernichtet oder, besser noch, mit Hilfe der Philosophie bekehrt; das Mongolenreich, das sich bis zu den Grenzen Chinas erstreckte – ein christlicher Staat; und die Christenheit selbst bereichert um die philosophische Tradition Griechenlands, die durch muslimische Philosophen übermittelt worden war, um das eine zu liefern, das für die Vollständigkeit der christlichen Wahrheit notwendig war. Es war eine prächtige Aussicht, und wenn nur ein Teil davon Wirklichkeit geworden wäre, hätte die Weltgeschichte einen völlig anderen Lauf genommen.

Warum sie nicht Wirklichkeit wurde, und wie sich dieses Scheitern auf die intellektuelle Situation Europas im Spätmittelalter auswirkte, wird Gegenstand des nächsten Kapitels sein.

C. Der Augenblick der Vision

I.

In den beiden ersten Kapiteln habe ich die wichtigsten Meinungen über den Islam untersucht, die sich bis zum Ende des dreizehnten Jahrhunderts im westlichen Europa gebildet hatten. Die erste war bibelorientiert und nicht zuversichtlich, die zweite phantasiereich und unwahr, die dritte war philosophisch und, zumindest für eine kurze Zeit, übertrieben optimistisch im Hinblick darauf, daß die Einheit der Welt nahe sei und die noch offenen Streitigkeiten zwischen der Christenheit und dem Islam beigelegt werden könnten.

In diesem Kapitel möchte ich über die Situation sprechen, die sich ergab, als sich diese Hoffnungen als trügerisch erwiesen. Wir müssen eine lange und verschlungene Strecke zurücklegen, und vielleicht wird das, was ich zu sagen habe, einfacher, wenn ich mit der Erklärung beginne, daß im Mittelpunkt dieses Kapitels ein literarischer Briefwechsel zwischen vier Männern unterschiedlicher Nationalität steht, die alle in den zehn Jahren zwischen etwa 1450 und 1460 schrieben. Um diese Diskussion jedoch in einen passenden Rahmen zu setzen, muß ich etwas Zeit auf die Klärung der Situation verwenden, wie sie sich zwischen ungefähr 1290 und dem Beginn dieses Briefwechsels entwickelt hatte. Abschließend wird noch von der Lage nach 1460 die Rede sein.

Sehr bald nach 1290 gab es Anzeichen dafür, daß hinsichtlich der übertriebenen Hoffnungen der vorangegangenen dreißig Jahre ein Umschwung der Gefühle erfolgte. Als Wendepunkt bietet sich der Fall von Akka im Mai 1291 an. Als die Nachricht von seiner Eroberung Italien erreichte, schrieb Ramón Lull einige prophetische Worte, in denen die Hoffnungen der vorangegangenen Jahrzehnte richtig zusammengefaßt wurden, und aus denen das Ende dieser Hoffnungen herausklingt: »Wenn die Schismatiker [die Nestorianer] in der Kirche vereint und die Tataren bekehrt sind, können alle Sarazenen leicht vernichtet werden.« Das waren die Hoffnungen, die Europa mit der Zeit gehegt hatte, obwohl wir bemerken können, daß der grimmige Mann von der Insel Mallorca nunmehr von Vernichtung, und nicht von Bekehrung spricht. Aber er fährt fort: »Es steht sehr zu befürchten, daß die Tataren das Gesetz Mohammeds bekommen; wenn sie nämlich das tun – sei es aus freien Stücken, sei es, weil die Sarazenen es ihnen aufzwingen –, dann wird sich die ganze Christenheit in großer Gefahr befinden.« [1]

Diese Gefahr stand gerade im Begriff reale Formen anzunehmen. Der letzte wirklich bedeutende und gebildete Mann des Mittelalters, der die Gebiete des Islam bereiste und in den letzten Jahren des dreizehnten Jahrhunderts schrieb, der Florentiner Ricoldo da Montecroce, zeigt in bewunderswerter Weise auf, wie die Flut in die von Lull vorhergesehene Richtung zu fließen begann [2]. Ricoldo befand sich 1291 in Bagdad, als die Nachricht vom Fall Akkas eintraf; also war er wohl imstande, sich ein Urteil zu bilden. Das erste, das uns an seinem Erfahrungsbericht auffällt, ist, daß er keinerlei Vertrauen in die Mongolen setzt. Er erkannte deutlich, daß sie begannen, sich nicht dem Christentum – wie die frühere Generation gehofft und geglaubt hatte –, sondern dem Islam zuzuwenden. Dies geschah, so erklärt er, weil sie fanden, der Islam sei leichter zu praktizieren und leichter zu glauben [3]. Die Kurden Turkestans hätten sogar auf ihr eben erworbenes Christentum zugunsten des Islam verzichtet – wegen seiner größeren Laxheit [4]. Was die Nestorianer anbelangt, jene große und verstreut lebende Gruppe orientalischer Christen, auf die man in der Mitte des Jahrhunderts so große Hoffnungen gesetzt hatte, so stellt er sie nicht als jene schlichten Leute dar, die im wesentlichen orthodoxen Glaubens waren, und die wir von der Zeit der frühen Reisenden her kennen. Er spricht vielmehr von Menschen, die im Hinblick auf die zentrale Frage des Christentums, d. h. auf die Lehre von der Fleischwerdung, nicht besser als die Muslime seien [5]. Und was die Muslime anbelangt, so brachte er zwar ihren sozialen Tugenden hohe Achtung entgegen, insbesondere ihrem würdevollen Benehmen; doch ihre Philosophen kannte er nicht, und ihre Lehre griff er als lasch, verworren, verlogen, irrational, extrem, obskur usw. heftig an [6]. Von ihrer vermeintlichen Nähe zum Christentum ist nicht die Rede, ebensowenig wie von ihrem bevorstehenden Ende. Obwohl er überzeugt war, daß die Lehre des Islam ziemlich leicht zu widerlegen sei, äußert er sich nicht über eine leicht oder rasch herstellbare Übereinstimmung zwischen den beiden Glaubenssystemen.

Diese pessimistische Einstellung des gelehrten Florentiners teilten – mit wachsendem Groll und abnehmender Gelehrsamkeit – in den darauffolgenden hundert Jahren alle diejenigen, die in die islamischen Länder reisten. Der irische Franziskaner Simon Semeonis beispielsweise, der 1323 nach Palästina reiste, war ein scharfer Beobachter. Er trug ein Exemplar des Koran mit sich, und er zitiert ihn auch ziemlich häufig. Aber er kann weder Mohammed noch die Muslime erwähnen, ohne ihnen Schmähnamen zu geben – Schweine, Tiere, Söhne des Belial, Sodomiten usw. [7]. Zehn Jahre später verfaßte ein Italiener, Jakob von Verona, einen ausführlichen Bericht über seine Reisen, die ihn etwa in dieselben Gebiete führten [8]. Er machte viele interessante Bemerkungen sowohl über die muslimischen als auch über die christlichen Gemeinden, auf die er bei seinen Reisen stieß.

Was aber jedem Leser auffallen muß, der vom dreizehnten Jahrhundert her auf ihn trifft, ist die Tatsache, daß seinen Beobachtungen kein zusammenhängendes Denken zugrunde liegt. Sie sind völlig empirisch, nur daß er die Ansicht von Autoren einer viel früheren Zeit teilt, das Gesetz Mohammeds sei als ungeheuerliche Parodie auf das Christentum konstruiert[9]. Deshalb bestehe keine Hoffnung, die grundlegenden Prinzipien des Islam irgendwie in den christlichen Glauben einzubauen; jede Aussicht, eine gemeinsame intellektuelle Basis für eine Diskussion zu finden, sei verschwunden. Als Jakob von Verona durch die Ruinen der kurz zuvor noch blühenden Städte Akka, Tyrus, Sidon und Tripolis wanderte und feststellte, daß die einst bevölkerten Häuser und Geschäftsviertel nunmehr, bis auf ein paar wilde Nomaden, unbewohnt waren, befiel ihn Schwermut[10]. Der Gedanke an eine militärische Rückeroberung war ebenso fern wie der an eine intellektuelle Annäherung. Doch, so hoffnungslos es auch aussah, militärisches Vorgehen schien die einzig mögliche Handlungsweise zu sein. Er schreibe, sagte er, um die abendländischen Christen aufzurütteln, damit sie die Heiligen Stätten besuchten, wenn sie schon nicht zurückeroberten und dem Glauben zurückgewinnen würden. Er rief Gott an, er solle den Moment der Rückeroberung schneller herbeiführen[11]. Aber wenn dies geschehen sollte, wäre es – so schien es – Gott, der dies tue; denn trotz der im Orient herrschenden Furcht vor einem neuen Kreuzzug, scheint im Abendland niemand ernsthaft daran interessiert gewesen zu sein.

Die äußeren Gründe für eine gewandelte Einstellung gegenüber dem Islam waren tatsächlich gewichtig. Aber als ob diese nicht ausgereicht hätten, wurden sie bald noch durch ebenso gewichtige innere Gründe verstärkt. Es ist die nicht seltene Ironie der Geschichte, daß es großen geistigen Bewegungen so oft gerade dann gelingt, offizielle Anerkennung und institutionelle Unterstützung zu erlangen, wenn sie aufhören, bei den Entscheidungen in der Welt ein Gewicht zu haben. So geschah es auch jetzt. Die Schulen für moderne Sprachen, die Bacon und verschiedene andere Mönche seit ungefähr dem Jahr 1250 mit sehr mäßigem Erfolg gefordert hatten, wurden auf dem Konzil von Vienne 1312 in das offizielle Programm der abendländischen Kirche aufgenommen. Sie sollten in Paris, Oxford, Bologna, Avignon und Salamanca eingerichtet werden. Unterrichtet werden sollten Arabisch, Griechisch, Hebräisch und Syrisch[12]. Dieser Akt war der letzte Gruß an ein sterbendes Ideal: Es waren weder die Menschen noch das Geld vorhanden, um den Traum zu verwirklichen. Er zerrann, ohne daß irgend jemand es bemerkt hätte.

In vielerlei Hinsicht sind die Jahre nach dem Konzil von Vienne ein unheilschwangerer Abschnitt in der Geschichte Europas. Zum erstenmal im Mittelalter sehen wir einen wirklich deutlichen Bruch zwischen Tradition und Erneuerung. Die rasch aufeinanderfolgenden Mißbilligungen der Auffassung des Marsilius von Padua, Wilhelm von Ockhams, Eckharts und der Spiritualen des Franziskanerordens sowie von Dantes *Monarchia* waren Hinweise darauf, daß die Einheit des abendländischen Denkens zerbrochen war, die – welche Einschränkungen wir auch immer machen wollen – das wesentliche Kennzeichen des vorangegangenen Jahrhunderts gewesen war. In der Verwirrung, die auf diesen Zusammenbruch folgte, blieben keine Kräfte mehr übrig, um festzustellen, welchen Rang der Islam in der vorherbestimmten Ordnung der Weltgeschichte einnehmen werde. Noch geringer war der Wunsch, vom Islam etwas zu lernen. Die gastfreundliche Aufnahme der islamischen Philosophie, die die mittleren Jahre des dreizehnten Jahrhunderts charakterisiert hatte, wich zunehmend dem Argwohn und der Fremdenfeindlichkeit. Für viele wurde der Name Averroes zu einem Synonym für Unglauben. Die Anhänger des Heiligen Thomas rechneten es ihm als Ehre an, daß er nicht von Averroes gelernt, sondern daß er ihn erniedrigt hatte [13]. Das war eine Halbwahrheit, die die damalige Stimmung genau widerspiegelte.

Das neue Zeitalter war durch folgendes geprägt: Zweifel über die Existenz von Bundesgenossen außerhalb Europas; tiefsitzende Zwistigkeiten innerhalb Europas sowie eine ziemliche Gleichgültigkeit gegenüber äußeren Feinden, insbesondere gegenüber dem großen Widersacher, dem Islam. Letzteres könnte schwer erklärbar erscheinen, denn der Islam expandierte im frühen vierzehnten Jahrhundert sehr rasch. Aber er expandierte tief nach Asien und Indien hinein, also in eine Richtung, die Europa unmittelbar wenig Sorgen bereitete. Nachdem der Glaube, die Mongolen und nestorianischen Christen seien potentielle Verbündete, zunichte gemacht worden war, schien es wenig auszumachen, daß die Nestorianer verschwanden und daß die Mongolen, deren Gebiete Wilhelm von Rubroek bereist hatte, sich dem Islam zuwandten. Das Abendland war zwar nicht mehr sicher, aber es konnte sich leisten, gleichgültig zu sein.

Daher erhielten Gleichgültigkeit und Phantasie wieder einmal neuen Auftrieb. Den abendländischen Darstellungen vom Leben Mohammeds wurde neue Lebenszuversicht eingeflößt: War er früher ein Zauberer gewesen, so wurde nun ein Kardinal aus ihm, den der Groll darüber, daß er nicht zum Papst gewählt wurde, zum eingeschworenen Feind des Christentums gemacht hatte [14]. Was die Welt draußen betrifft, so trat an die Stelle des Sammelns von Informationen die kongenialere Aufgabe, Fiktionen zu ersinnen, z. B. jene, die unter dem Namen von Sir John Mandeville liefen, und die die Leser des vierzehnten Jahrhunderts mit ihrem Asien- und Indienbild versorgten [15].

Gleichgültigkeit ist selbstverständlich schwieriger ausfindig zu machen als Phantasie. Aber als ein Beispiel dafür können wir das Bonmot – oder besser »Mauvaismot« – betrachten, das im Westen zum erstenmal von Kaiser Friedrich II. geäußert wurde: die Welt habe drei große Betrüger erlebt: Moses, Christus und Mohammed [16]. Daß dieser Ausspruch im Königreich Sizilien getan wurde, dem Stammland von Indifferenz und Zynismus, kann uns nicht überraschen. Aber 1340 wurde dieses Diktum in Lissabon registriert und in den achtziger Jahren des vierzehnten Jahrhunderts in Aragón [17]. Das ist nur ein kleiner, wenn auch ein aufschlußreicher Hinweise darauf, woher der Wind wehte.

Auf einer viel ernstzunehmenderen Ebene kann man diese Unsicherheit über den ausschließlichen Anspruch des Christentums, die Gabe ewiger Seligkeit zu verleihen, an den Universitäten finden. Wenn sich diese Unsicherheit nur bei den Autoren fände, die für ihre ungestüme Sprache und ihr überspanntes Denken bekannt waren, würden wir nicht weiter darüber nachdenken. Aber Knowles hat jüngst die Aufmerksamkeit auf eine Meinung gelenkt, die ein Benediktinermönch, Uthred von Boldon, in den sechziger Jahren des vierzehnten Jahrhunderts an der Universität Oxford geäußert hat. Dieser behauptete, alle Menschen, ob sie nun Christen oder Muslime oder sonst eines Glaubens seien, würden im Augenblick ihres Todes Gott direkt schauen, und würden ihr gültiges Urteil entsprechend ihrer Reaktion auf dieses Erlebnis empfangen [18]. Hier war ein Mann, der dem konservativsten Orden angehörte, ein Doktor der Theologie, dessen Denkweise orthodox, schwerfällig und nicht originell war, und der eine Auffassung vertrat, die den Ungläubigen außerhalb der Christenheit Privilegien einräumte, die im traditionellen Denken bis dahin ausschließlich christlichen Gläubigen vorbehalten waren. Diese These wurde mißbilligt und zurückgezogen, aber sie war bedeutsam. Die wachsende Sorge um das Schicksal der Ungläubigen in der Ewigkeit – ich meine nicht einfach einen Wunsch, sie zu bekehren, sondern auch einen Wunsch, möglichst bestimmte Mittel ausfindig zu machen, um sie in den Heilsplan miteinzubeziehen – das ist einer der sympathischsten Züge jener Zeit. Das Frühmittelalter hatte der Gedanke, daß auf die außerhalb der Kirche Stehenden die Flammen der Hölle warteten, sehr wenig, wenn überhaupt, beunruhigt. Die scharfe Trennung der Schafe von den Böcken war ein Grundsatz seines religiösen Lebens, und dies entmutigte alle Versuche, den Bereich des Heils auszudehnen. Die gegenteilige Tendenz appelliert an jeden menschlichen Instinkt, aber sie markiert auch – im guten wie im bösen – eine Lokkerung des Zusammenhalts des Abendlandes, eine Verdunkelung seines Sinnes für die Getrenntheit und ein Verschwimmen der klaren Trennungslinie zwischen dem Abendland und seinen Nachbarn.

John Wycliffe

Die Gewinne und Verluste des vierzehnten Jahrhunderts – soweit sie illustrieren, wie das Abendland über den Islam dachte – können bemessen werden, wenn wir die Auffassungen John Wycliffes betrachten. Wycliffe ist wie Roger Bacon – und größtenteils aus denselben Gründen – ein Mann, der übermäßig gerühmt und ebenso ungerechtfertigt unterschätzt wurde; im Augenblick scheint eher das letztere der Fall zu sein. Ich werde nicht versuchen, ihn wieder zu Ehren zu bringen, aber ich meine, daß er viel mehr Achtung verdient, als ihm in letzter Zeit entgegengebracht wurde. Niemand kann auch nur einen kleinen Teil seiner Werke lesen, ohne anzuerkennen, daß er ein bei weitem interessanterer Autor ist als alle seine akademischen Zeitgenossen, deren Werke bis heute entdeckt wurden. Es geht nicht an, daß wir aufgrund der Überspanntheit und Heftigkeit einiger seiner Ansichten vergessen, in welchem Ausmaß er – allerdings furchtloser und deutlicher als andere – die Dinge zum Ausdruck brachte, die viele Leute dachten. Seine Gelehrsamkeit, sein Wissensstand und die meisten seiner Auffassungen waren die seiner Zeit. Mehrere Jahre lang, bevor es zu gefährlich wurde, einer Meinung mit ihm zu sein, hätten wahrscheinlich die meisten Angehörigen der nicht gerade revolutionären Universität von Oxford den größten Teil der von ihm vertretenen Ansichten geteilt.

In fast allen seinen späteren Schriften, und insbesondere von etwa 1378 bis 1384, hat er etwas über den Islam zu sagen [19]. Sein Wissen über den Islam war, wie das aller seiner Zeitgenossen, im Vergleich zu den Kenntnissen der Autoren, die hundert Jahre früher gelebt hatten, gering. Auf besonders schwachen Füßen stand sein praktisches Wissen: Es gibt keine Anhaltspunkte dafür, daß er irgendeinen der Berichte über den Islam kannte, die von den großen Reisenden des dreizehnten Jahrhunderts verfaßt worden waren. Ebenso waren die muslimischen Philosophen in seinen Werken nicht stark vertreten. Es war ihm nicht einmal klar, daß Averroes ein Muslim war, obschon er meinte, dieser sei einmal ein Anhänger Mohammeds gewesen [20]. Der größte Teil seines Wissens stammte aus Enzyklopädien – von Vinzenz von Beauvais und Ranulf Higden – und aus dem, was er »eine andere alte Chronik, die ich vor kurzem sah« nennt [21]. Aber es ist wichtig, daß er den Koran gelesen hatte, und hierin wird sein Wunsch deutlich, die grundlegenden Texte kennenzulernen.

Obwohl er die Werke von Zeitgenossen verwendete, viele ihrer Ansichten wiedergab und auch viele derselben Beschränkungen aufwies, spüren wir bei Wycliffe einen Hauch von eigenständiger Sicht, was ihn abhielt, genau wie andere Leute zu denken. Alle Darstellungen des Islam, die wir bislang untersucht haben – ob sie ihre Inspiration von der Bibel, von der Philosophie oder einfach aus der Phantasie herleiteten, ob sie in der Existenz des Islam ein Symptom für das nahende Weltenende sahen oder einen Kanal für die philosophische Bildung der Christenheit, oder einfach einen Abfall von der wahren Kirche –, all diese Darstellungen waren sich einig, daß es eine vollständige Trennung zwischen dem christlichen Glauben und dem Islam gab. Genau in diesem Punkt unterschied Wycliffe sich von seinen Vorgängern. Er war anderer Meinung, aber die soeben von mir zitierte These Uthred von Boldons zeigt, daß Wycliffe eine Linie weiterverfolgte, die von einem viel weniger revolutionären Zeitgenossen angedeutet worden war. Wycliffe ging jedoch viel weiter. Für ihn waren die wichtigsten Wesenszüge des Islam auch die wichtigsten Wesenszüge der abendländischen Kirche seiner Zeit. Das heißt nicht, daß er dem Islam positiv gegenüberstand. Im Gegenteil. In seinen Augen waren die hauptsächlichen Kennzeichen sowohl des Islam als auch der abendländischen Kirche Stolz, Begehrlichkeit, Machtgelüste, Besitzstreben, das Evangelium der Gewalt sowie die Tatsache, daß die menschliche Erfindungskraft mehr gilt als Gottes Wort. Im Abendland seien diese Wesenszüge die Hauptursache sowohl für die Spaltungen innerhalb der Christenheit als auch für die Abtrennung des Abendlandes von seinen Nachbarn. Sie seien in erster Linie dafür verantwortlich, daß sich Avignon von Rom getrennt habe, die griechische Christenheit von den Nestorianern sowie den anderen christlichen Gemeinden in Asien und Indien und schließlich der Islam vom Christentum [22]. »Wir abendländische Mohammede«, sagt er und meint damit die abendländische Kirche als ganze, »wir sind zwar nur einige wenige Angehörige der Gesamtkirche, aber wir glauben, daß die ganze Welt durch unser Urteil geregelt und auf unsern Befehl hin erzittern wird.«[23] Er hatte das Gefühl, daß aus einer solchen Einstellung nichts Gutes erwachsen könne.

Diese Laster der Kirche waren auf rätselhafte Weise die Ursache für den Aufstieg des Islam. Dieser Aufstieg habe nur mit der Zunahme von Stolz und Habsucht und den Besitztümern der Kirche begonnen [24]. Und ebenso wie die Weltlichkeit in der Kirche die Religion der Weltlichkeit im Islam erzeugt habe, so würde der Islam mit der Umkehrung dieser Tendenz innerhalb der Kirche verschwinden; es gäbe keinen anderen Weg. »Ich wage zu sagen«, schrieb Wycliffe am Vorabend von Mariä Verkündigung 1378, »daß diese Antireligion solange wachsen wird, bis der Klerus zur Armut Jesu Christi und zu seiner ursprünglichen Situation zurückkehrt. Denn Gegensätze werden, wie [Aristoteles] im vierten Buch seiner Meteorologie [sagt], durch ihre Gegensätze aufgelöst [...], und der Gottesberg wird durch Verfolgung und Geduld aufgebaut« [25].

Nachdem er einmal das Bild vom weltumfassenden Islam entworfen hatte, einer Religion der weltlichen Macht, der weltlichen Herrschaft und des Eigenwillens, die im Gegensatz zur Religion des Leidens und der Armut sowohl innerhalb wie auch außerhalb der Kirche stand, konnte er viele Beispiele sehen, die diese Parallele illustrierten. Mohammeds Gesetz war dadurch gekennzeichnet, daß dieser die Dinge aus dem Alten und dem Neuen Testament herauspickte, die seinem Zweck dienten, und daß er den Rest verwarf. Aber das war genau das, was die Besitzenden innerhalb der Kirche auch gemacht hatten [26]. Ferner fügte Mohammed dem Gesetz seine eigenen Erfindungen hinzu – aber die Orden des Abendlandes hatten dasselbe getan [27]. Um all dem die Krone aufzusetzen, hatte Mohammed – und das war das Geheimnis seines Erfolges – jegliche Diskussion seines Gesetzes untersagt [28]. Es sollte akzeptiert werden, ohne daß Fragen gestellt wurden. Aber war das nicht im Hinblick auf die Macht des Papstes auch der Grundsatz des Kanonischen Rechtes? Und später, im Zusammenhang mit der Eucharistie, nahmen seine Gegner bei den Anhängern Mohammeds in der Unwissenheit Zuflucht und sagten: »Ihr könnt ohne Gefahr glauben, aber nicht gefahrlos nachforschen.« [29].

Im Grunde fand die wesentliche Auseinandersetzung in der Welt also zwischen dem christlichen Glauben des Evangeliums einerseits und dem Geist des Islam andererseits statt, und den letzteren traf man ebenso bei den geistlichen Herren zu Hause wie bei den Muslimen draußen an. Daraus ergaben sich mehrere Konsequenzen, die für das Einpassen des Islam in einen universellen Rahmen von großer Bedeutung waren. Der Islam war, wie viele frühere Autoren behauptet hatten, eine Häresie, aber eben nicht nur oder gar hauptsächlich eine Häresie auf der Ebene der Lehre, sondern eher eine auf der Ebene der Moral und der Ethik. In dieser Hinsicht trug die abendländische Kirche noch mehr Schuld als der Islam [30]. Hinzu kam, daß der Islam ja nur durch die Heilung der Gebrechen der christlichen Welt zu heilen war, und daß daher nicht nur der Krieg sinnlos war – das war offensichtlich, denn die Anstöße, die zum Krieg führten, waren genau die, die sich im Ursprung des Gebrechens befanden [31] –, auch die an den Islam gerichtete Predigt und Argumentation waren der Reform der Kirche von innen heraus untergeordnet. Eine weitere Konsequenz davon, daß die strenge Unterscheidung zwischen der Christenheit und dem Islam zusammenbrach, bestand schließlich darin, daß das Heil nicht das alleinige Vorrecht der Christen war. An dieser Stelle greift Wycliffe die mißbilligte Doktrin des Uthred von Boldon auf und entwickelt sie weiter:

> Ebenso wie einige, die in der Kirche sind, verdammt werden, werden andere außerhalb der Kirche erlöst. Wenn ihr dagegenhaltet, daß wir, wenn dem so ist, die Juden nicht Ungläubige, die Sarazenen nicht Ketzer, die Griechen nicht Schismatiker usw. nennen dürfen, entgegne ich: »Der Mensch kann aus jeder Sekte kommend erlöst werden, selbst wenn er aus den Reihen der Sarazenen kommt,

wenn er nur kein Hindernis in den Weg des Heiles stellt. Wer vom Islam und anderen Sekten im Augenblick des Todes an den Herrn Jesus Christus glaubt, wird als echter Christ gerichtet werden.«[32]

Im allgemeinen betrachten wir Wycliffe als eine der großen destruktiven Kräfte innerhalb der Kirche des Mittelalters, und das ist, im nachhinein gesehen, zweifellos richtig. Aber in seiner Meinung über den Islam gab Wycliffe eine zusammenfassende Übersicht über die Ergebnisse eines Jahrhunderts, in welchem verantwortliche Männer im Abendland ihre eigene Gesellschaft kritischer denn je zuvor gesehen und erkannt hatten, daß sie sich weniger eindeutig von der Welt draußen unterschied, als man früher gehofft und geglaubt hatte. Wycliffes wichtigste Schlußfolgerungen über den Islam hatten keinen großen, oder vielleicht auch gar keinen, allgemeinen Einfluß, weil das Denksystem, in das sie eingebettet waren, rigoros unterdrückt wurde. Aber die moralische und intellektuelle Atmosphäre, die seine Schlüsse plausibel erscheinen ließ, beeinflußte entweder durch Abneigung oder durch Anziehung weiterhin das ganze spätere Denken des Mittelalters über den Islam. Nehmen wir ein ganz kleines Beispiel. Thomas Gascoigne, jener geschwätzige alte Mann und Oxforder Original aus der Mitte des fünfzehnten Jahrhunderts, der Wycliffe und all seine Werke sicherlich verabscheute, schrieb folgendes in sein Notizbuch: »Ich hörte einen gewissen glaubwürdigen Mann sagen, er habe bei den Heiden und Sarazenen gehört, daß es drei Ursachen dafür gäbe, weshalb sie nicht zum Glauben Jesu Christi bekehrt werden wollten: Erstens die Vielfalt und Widersprüchlichkeit der Meinungen bei den Christen in verschiedenen Sekten und im Hinblick auf verschiedene Themen; zweitens das sündhafte Leben der Christen und drittens der Unglaube der Christen, vor allem der Venezianer und Genuesen.«[33]
Diese Erklärung, die die Christen selbst und ihre eigenen Mängel im Visier hat, ist die Erklärung dafür, daß ihnen kein Erfolg beschieden ist, und daß der Islam weiterhin von der Wahrheit abweicht. Sie charakterisiert ein neues Zeitalter.

II.

Eine Sache jedoch wurde im fünfzehnten Jahrhundert deutlich, nämlich daß im Hinblick auf den Islam etwas unternommen werden müsse. Als Wycliffe seine Werke verfaßte, war es noch möglich – aber nur gerade noch möglich –, den Islam als moralische, aber nicht als physische Gefahr zu behandeln. Er konnte schreiben, wie wenn es zwischen dem Klerus und den Muslimen kaum einen Unterschied gebe, und er tat das auch, aber nur, weil weder die Geistlichen noch die Muslime – welcher Art auch immer ihre Laster waren – das Land mit dem Schwert bedrohten. Das Wachstum des Islam war zwar eine Tatsache, aber sie lag in ferner Zukunft. Nun rückte der Islam unheilvoll näher. Fünf Jahre nach Wycliffes Tod brachen die Serben angesichts des türkischen Angriffs zusammen. Am Ende des vierzehnten Jahrhunderts hatten die Türken den Balkan, mit Ausnahme von Bosnien und Albanien, unter ihre Herrschaft gebracht. Dann ließ, wie es oft geschieht, die Bedrohlichkeit der Gefahr nach. Man hatte Zeit, sich in falschen Hoffnungen zu wiegen. Aber schließlich fiel unter massiven Angriffen Konstantinopel. Die Türken standen an der Adria, und Ungarn war von der Vernichtung bedroht. 1460 waren die Außenposten des westlichen Europa, der lateinischen Christenheit, erreicht und durchbrochen.

Die Reaktion auf diese lang erwarteten Ereignisse bestand aus einer Mischung von Angst und Hoffnung. Für Hoffnung gab es wenig Grund, aber zumindest hatte der Fall Konstantinopels das hartnäkkige griechische Problem gelöst, das die Staatsmänner trotz aller Bemühungen nicht in den Griff bekommen hatten. Eine Hoffnung gab es – eine trügerische, wie sich herausstellte –, daß nämlich die Vernichtung dieses inneren Feindes positive Auswirkungen haben könnte, und daß die direkte Konfrontation des Abendlandes mit dem Islam auch die alte Kreuzzugsmentalität wiederaufleben lassen würde. Das waren die Möglichkeiten, die sich den Politikern in der Mitte des fünfzehnten Jahrhunderts eröffneten. Sie machten sich auf einen Kreuzzug gefaßt und hofften doch, daß ein Kreuzzug nicht notwendig sein würde, vielleicht, weil sie im Grunde wußten, daß er nicht möglich war. Dies war die Situation, der sich die vier Staatsmänner gegenübersahen, mit denen wir uns nun befassen werden.

Diese Männer waren etwa gleich alt. Alle waren Bischöfe, drei von ihnen Kardinäle bzw. standen im Begriff, Kardinäle zu werden. Einer war Franziskaner, ein anderer sollte Papst werden [34]. Um die Mitte des fünfzehnten Jahrhunderts hatten sie bereits alle genügend mit Problemen zu tun gehabt. Der augenfälligste Unterschied zwischen ihnen war ihre Nationalität: Johannes von Segovia war Spanier, Nikolaus von Kues Deutscher, Jean Germain Franzose und Aeneas Silvius Italiener. Aber eines hatten sie gemeinsam: alle waren durch den Läuterungsprozeß des Konzils von Basel gegangen. Das Konzil hatte Menschen – kluge, akademisch gebildete Männer, die keine Neigung zu entschiedenem Handeln hatten –, gezwungen, sich für eine Partei zu entscheiden, und sie alle hatten in der einen oder anderen Weise darunter gelitten. Zwei von ihnen hatten insofern gelitten, als sie die unerfreuliche Erfahrung machten, die Seiten zu wechseln; der dritte machte die noch unangenehmere Erfahrung, die Seiten nicht zu wechseln; einzig der Franzose war von Zweifeln unbehelligt geblieben. Dieses Erlebnis hatte ihr Leben in hohem Maße geprägt. Sie alle waren – bis auf den Franzosen – große Verfechter der Konzilsmeinungen gewesen, und selbst jene, die diese aufgaben, ließen nicht von ihrer Sympathie mit der anderen Seite ab. Sie hatten eine versöhnliche Haltung angenommen, und Versöhnung hatte innerhalb Europas bereits mehr erreicht, als durch irgendeine andere Methode hätte erreicht werden können. Sie hatte den Weg für die Wiederherstellung der päpstlichen Einheit geebnet; sie hatte die Hussitenbewegung zu einem Ende gebracht und für kurze Zeit die Einigung von griechischer und lateinischer Kirche herbeigeführt. Das waren die Früchte endloser, mühsamer Verhandlungen. Nur das Problem des Islam blieb als große physische und intellektuelle Herausforderung für Europas geistigen und politischen Frieden bestehen. Wie konnte die Erfahrung der letzten paar Jahrzehnte bei der Lösung dieses uralten Problems genutzt werden? Das war die Frage, die in dem Jahrzehnt zwischen 1450 und 1460 alle vier Staatsmänner beschäftigte. Ihre Antworten darauf müssen wir nun untersuchen.

Johannes von Segovia

Zuerst wenden wir uns Johannes von Segovia zu. Er hatte als Professor in Salamanca begonnen und war von dort aus 1433 zum Konzil von Basel gereist [35]. Er setzte sich sehr stark für die Autorität des Konzils ein und verfaßte dessen Geschichte, ein umfangreiches Werk mit 2.500 Folioseiten in der gedruckten Ausgabe [36]. Schließlich erkannte er, daß er als Anhänger des Gegenpapstes auf der falschen Seite stand. Seine letzten Lebensjahre verbrachte er zurückgezogen in einem kleinen Kloster in Savoyen – ein nutzloser und, im weltlichen Sinne, ein geschlagener Mann. Hier widmete er sich dem Studium der Islamischen Frage. Während der letzten fünf Jahre vor seinem Tod im Jahr 1458 tat er zweierlei: Er fertigte eine neue Übersetzung des Koran an, und er versuchte, seine berühmten Freunde für seine Pläne zur Lösung des ganzen Problems zu interessieren. Mit diesen beiden Vorhaben müssen wir uns kurz beschäftigen, und zwar zuerst mit der Koranübersetzung, die die Grundlage für seine umfassenderen Projekte bildete [37].

An dieser Stelle erheben sich drei Fragen: Warum hielt er eine neue Übersetzung für notwendig? Mit welchen Schwierigkeiten hatte er zu kämpfen, und inwiefern sind diese bezeichnend? Und inwiefern sollte sein Werk nach seiner Vollendung verwendet werden?

Hinsichtlich der ersten Frage muß eingeräumt werden, daß alle Übersetzungen mehr oder weniger unbefriedigend sind. Aber die besondere von Johannes von Segovia an der alten Koranübersetzung von Petrus Venerabilis geübte Kritik war, daß sie Vorstellungen der Lateiner in den Text einbrachte und Wörter und Begriffe benutzte, die wohl der christlichen Welt, aber nicht der des Islam eigen waren. Johannes von Segovia war vielleicht nicht ganz realistisch, wenn er meinte, man könne eine Übersetzung ohne diese Art von Kontamination anfertigen. Er war wohl der Auffassung, daß er die Schwächen, die er bei dem älteren Werk bemerkt hatte, vermeiden könnte, wenn er die Reihenfolge von Wörtern und Abschnitten beibehielt und seinen Stil an den des Koran anlehnte. Hierin irrte er sich ganz bestimmt. Aber es gibt auch bei der Kontamination Abstufungen, und er war zumindest ernsthaft bemüht, wie es die Polemiker zuvor selten gewesen waren, das Denken der rivalisierenden Religion auch nicht im mindesten falsch darzustellen. Wir werden gleich sehen, weshalb das so wichtig für ihn war.

Aber ehe wir weitergehen, werfen wir einen kurzen Blick auf seine Schwierigkeiten. Selbst wenn seine Absichten keinen Respekt erheischten, so würden es doch die Schwierigkeiten tun, mit denen er zu kämpfen hätte, und die er überwand. Nichts verdeutlicht uns besser, wie in den vergangenen anderthalb Jahrhunderten das ernsthafte Intresse am Islam erlahmt war, als die große Schwierigkeit, auf die er stieß, im Jahr 1453 jemand in Europa ausfindig zu machen, der Arabisch konnte. Die spanischen Muslime befanden sich nunmehr in derselben Lage wie sechshundert Jahre früher die spanischen Christen: Sie hatten ihre Sprache und Kultur weitgehend gegen die ihrer Eroberer ausgetauscht. Johannes von Segovia brauchte zwei Jahre, um sich einen arabischen Text des Koran zu beschaffen und einen muslimischen Rechtsgelehrten aus Salamanca aufzutun, der gewillt war, nach Savoyen zu kommen, um ihm bei der Übersetzung zu helfen. Sie plagten sich zusammen mehrere Monate lang ab; dann bestand der Muslim darauf, zu seiner jungen Frau nach Spanien zurückzukehren. Zwar war die wesentliche Arbeit abgeschlossen, aber Johannes von Segovia hoffte, noch Verbesserungen anbringen zu können. Er ersuchte den Generalminister seines eigenen Ordens, des Franziskanerordens, einen arabischen Gelehrten ausfindig zu machen. Er selbst suchte weit und breit. Aber es gelang ihm nie, einen Ersatz zu finden. Soweit wir wissen, erlebte das Werk auch niemals eine letztmalige Revision. Trotz aller Vorhaben des dreizehnten Jahrhunderts und trotz des Erlasses auf dem Konzil von Vienne im Jahr 1312 konnte in Europa kein einziger Christ ausfindig gemacht werden, der des Arabischen kundig gewesen wäre.

Welchem Zweck diente all diese mühselige Arbeit? Johannes von Segovias Ziel unterschied sich in einigen wichtigen Punkten von dem der früheren Polemiker. Zunächst einmal wollte er die Diskussion auf die fundamentalen Fragen beschränken. Er meinte, daß frühere Autoren sich mit zu viel nebensächlichen Problemen abgeplagt hätten – Mohammeds Moral, die logische Widerlegung seines Anspruchs, ein

Prophet zu sein usw. Die einzig wirklich wichtige Frage aber sei die: Ist der Koran Gottes Wort oder nicht? Wenn durch eine einfache Überprüfung des Textes nachgewiesen werden könne, daß er Widersprüche, Verwechslungen, Irrtümer und Spuren unterschiedlicher Urheberschaft enthält, so sollte das – meinte er – jedermann davon überzeugen, daß er nicht das war, was zu sein er für sich in Anspruch nahm. Nun konnte dies selbstverständlich nicht getan werden, wenn man Texte zitierte, die sich als falsche Übersetzungen erwiesen, oder die selbst die Verwechslungen, die sich angeblich im Koran finden, einführten. Deshalb war die allererste Voraussetzung ein absolut genauer Text.

In diesem Programm von textlicher Genauigkeit und Textkritik können wir ein Merkmal der Renaissance erkennen, das im Gegensatz zu Roger Bacons Programm der philosophischen Diskussion steht. An die Stelle der munteren Syllogismen Bacons sollten Fakten treten; kritische Gelehrsamkeit sollte den Platz der logischen Verrenkungen einnehmen. Aber die ganze Arbeit wäre völlig sinnlos, wenn sie nicht denjenigen zur Kenntnis gebracht werden könnte, für die sie bestimmt war. Johannes von Segovia hatte auch eine neue Idee, wie dies zu bewerkstelligen wäre und schrieb an seine einflußreichen Freunde, um deren Unterstützung zu gewinnen. Wir müssen jetzt das Verfahren untersuchen, das er vorschlug, sowie die Reaktion, die er damit auslöste.

Der mit Abstand längste Brief an seine Freunde ist der, den er an Nikolaus von Kues, den Freund aus früheren Tagen, schrieb. Ihm unterbreitete er seine Ideen in einem üppigen Wortschwall, ja, so üppig sprudelten seine Gedanken, daß bis heute noch niemand den Mut gefunden hat, sie abzudrucken [38]. Er begann mit derselben Grundthese wie sein franziskanischer Mitbruder Bacon. In vielerlei Hinsicht können wir ihn auch als Bacons Nachfolger betrachten. Diese These lautete, daß die Streitfrage zwischen der Christenheit und dem Islam niemals durch Krieg gelöst werden könne. Bacon hatte auf die schlimmen Auswirkungen hingewiesen, die der Krieg auf die Eroberten hat, und darauf, daß der Erfolg unwahrscheinlich sei. Johannes von Segovia nannte einen anderen Grund, der eine gewisse Ähnlichkeit mit dem Wycliffes aufweist. Der Krieg war die natürliche Ausdrucksweise des Islam, der ja auf einer Lehre von der Eroberung gründete. Das aber stand im Gegensatz zum Geist des christlichen Glaubens. Daher müsse sich die Christenheit in dieser Art von Auseinandersetzung immer im Nachteil befinden. Nur mit friedlichen Mitteln also könne die Christenheit gewinnen, weil sie nur dann sich selbst treu bleibe.

Aber was waren diese friedlichen Mittel? Bacon scheint, ebenso wie all seine franziskanischen Zeitgenossen, geglaubt zu haben, daß die Argumente gegen den Islam nach ihrer Formulierung keiner echten

Diskussion bedürften; sie wären selbstverständlich, und es könnte Missionaren und Predigern überlassen werden, ihren Einfluß zu verbreiten. Johannes von Segovia sah ein, daß dies ein Irrtum war. Außer in Gebieten, die bereits vom Islam zurückerobert waren, würde das Predigen niemals erlaubt sein, und da er den Krieg ausgeklammert hatte, hatte er auch die Möglichkeit einer großangelegten Rückeroberung ausgeschlossen. Er war, so denke ich, der erste Mann des Friedens, der erkannte, daß Missionen, die den Islam bekehren sollten, zum Scheitern verurteilt waren. Das erste Problem, das angepackt werden mußte, war deshalb das Problem einer neuen Art von Kommunikation. Der Hauptzweck seiner Briefe bestand darin, einen neuen Ansatz zu unterbreiten. Um dies zu beschreiben, verwendete er ein altes Wort in einer neuen Form und mit einer neuen Bedeutung. Es ist ein Wort, das in unserer heutigen Zeit so bedeutungsvoll werden sollte – nämlich das Wort »Konferenz«, oder, wie Johannes von Segovia präzise, ja pedantisch sagte: *contraferentia* [39].

Hinsichtlich dieser neuen Methode der Überzeugung machte er eine scharfsinnige Bemerkung. Die Konferenz – so sagte er – hätte selbst dann einem sinnvollen Zweck gedient, wenn sie das ihr gesteckte Ziel nicht erreichen würde – d. h. die Bekehrung der Muslime. In seiner ziemlich langatmigen Art und Weise zählte er dreißig Vorteile auf, die auch dann zu erwarten seien, wenn die Konferenz ihren Hauptzweck nicht erfüllte. Nun, das war wieder eine ganz neue Konzeption. Die traditionelle Ansicht ging ja dahin, daß das Gespräch mit dem Ungläubigen nur durch Bekehrung gerechtfertigt werden könne. Aber Johannes von Segovia erblickte darin, abgesehen von diesem wünschenswerten Ziel, viele partielle und praktische Vorteile. Er sah die Konferenz als ein Instrument mit einer sowohl politischen als auch streng religiösen Funktion an, und mit Worten, die das Herz des modernen Menschen anrühren, rief er aus, daß sie, selbst wenn sie zehn Jahre dauern sollte, weniger kostspielig und weniger schädlich sei als Krieg.

Nikolaus von Kues

Wenn Johannes von Segovia in solcher Ausführlichkeit an Nikolaus von Kues schrieb, so beurteilte er diesen völlig richtig: Er hätte keinen verständnisvolleren Zuhörer finden können. Was die Philosophie anbelangt, so war Nikolaus Platoniker. Dem Temperament nach war er friedfertig und gemäßigt. Sein Streben war der Suche nach Einheit tief verpflichtet. In jüngeren Jahren war er einer der Hauptunterhändler mit den Hussiten und den Griechen gewesen. Viele Jahre lang hatte er alles gesammelt, was er über die islamische Kontroverse hatte finden können [40]. Kurz zuvor hatte er sein *De Pace Fidei* verfaßt. Es handelt sich dabei um einen Dialog zwischen Vertretern der führenden Religionen der Welt, in dem er versuchte, das zu erfassen, was an den Religionen aller Völker gut war, und durch die Einzelheiten hindurch auf den inneren Kern der Wahrheit und Einheit zu blicken. Darüber hinaus war er – und das war in diesem Zusammenhang von besonderer Bedeutung – ein hervorragend begabter Textkritiker. Er gehörte zu den ersten seiner Zeit, die mit historischen Dokumenten auf eine Art und Weise umgingen, mit der auch ein moderner Wissenschaftler einverstanden wäre. Er hatte auf diesem Gebiet schon mehrere bemerkenswerte Erfolge verbuchen können. Weitaus am wichtigsten davon war der Nachweis, daß die *Konstantinische Schenkung* eine Fälschung aus späterer Zeit war [41]. Er war so vorsichtig, daß er auf den Triumph, den Nachweis für vollständig zu erklären, verzichtete. Aber er überzeugte seine Zeitgenossen. Die meisten Argumente, die er verwendet, überzeugen uns heute noch. Als Philosoph, Mensch, Vermittler und Historiker war Nikolaus von Kues ganz der Mann, den Johannes von Segovia suchte. Er griff die Pläne des Johannes von Segovia mit Tatkraft und mit praktischem Sinn auf. Zum Beispiel schlug er Vorbereitungen für die Konferenz vor: Er wollte Kaufleute aus Kairo, Alexandria, Armenien und Griechenland zusammenrufen, die aus erster Hand die Vorstellungen und Praktiken des Islam schildern sollten. Und wenn Material gesammelt worden wäre, sollten, so meinte er, Vermittler aus dem Abendland in islamische Länder gesandt werden, am besten weltliche Fürsten, die die Türken seiner Ansicht nach den Priestern vorzögen [42]. Auf diese Weise könnten die Vorbereitungen auf die große Konferenz durchgeführt werden.

Über all das hinaus las er in den Jahren, nachdem er von Johannes von Segovias Plan erfahren hatte, die Hauptwerke der früheren Kontroverse. Und schließlich schrieb er 1460 eines seiner typischsten Werke: die *Cribratio Alchoran*. In seinem *Das Durchsieben des Koran* führte er den Plan der systematischen literarischen, historischen und philologischen Untersuchung im Detail aus, den Johannes von Segovia gewünscht hatte.

Im wesentlichen behandelt er den Koran so, wie er die *Konstantinische Schenkung* behandelt hatte, nur viel ausführlicher [43]. Er versuchte, ihn in seine verschiedenen Elemente aufzugliedern und entdeckte bzw. meinte, entdeckt zu haben, daß es im Koran drei »rote Fäden« gibt. Der erste sei ein grundlegendes nestorianisches Christentum; der zweite die antichristlichen Gefühle, die von dem jüdischen Berater Mohammeds eingebracht worden seien; und drittens Textverfälschungen, die jüdische »Korrektoren« nach Mohammeds Tod eingeführt hätten. Ich nehme nicht an, daß diese Analyse des Korantextes heute irgendeinen Wert hat, obwohl sie einige der hauptsächlichen intellektuellen Einflüsse darin richtig identifiziert. Aber Nikolaus von Kues' Methode, den Bereich der Debatte einzugrenzen und die Streitfragen zu definieren, ist wichtig. Wie Johannes von Segovia hob er von der philosophischen Grundlage ab und versuchte, die Absicht weiterzuverfolgen, im Koran selbst die Fragen zu entdecken, die den Islam von der Christenheit trennten. Dabei behandelte er den Koran als ein Dokument, das im guten Glauben geschrieben wurde und seinen eigenen Charakter und seine eigenen Vorzüge hat. Auf diese Weise, so hoffte er, habe er den Bereich der Debatte umrissen und eingegrenzt. Er reduzierte sie im wesentlichen auf eine Debatte zwischen dem abendländischen und dem nestorianischen Christentum, einer Häresie, die in der relativ geringfügigen Frage nach der Art von der Einheit Gottes und der Menschennatur Christi irrte. Das Werk ist außerordentlich mühsam zu lesen. Im Gegensatz zu Nikolaus' Erörterungen über die *Konstantinische Schenkung* wird es einen modernen Leser nicht überzeugen. Aber es war der erste Versuch, eine wissenschaftliche Grundlage für jene fundamentale Kritik des Textes zu liefern, die der erste Schritt auf die große Konferenz hin darstellen sollte, die Johannes von Segovia vorgeschwebt war.

Jean Germain

Nicht alle von Johannes von Segovias Freunden nahmen sein Vorhaben so freundlich auf wie Nikolaus von Kues. Aber ihre unterschiedliche Auffassung kam in unterschiedlicher Weise zum Ausdruck.

Von seinen Briefpartnern war Jean Germain, Bischof von Chalons, Kanzler des Ordens vom Heiligen Vlies, am wenigsten aufgeschlossen [44]. Als er ihm seinen Plan vortrug, zeigte sich Johannes von Segovia entschlossen und beharrlich, auch wenn der Erfolg unwahrscheinlich erschien. Jean Germain hatte sein Leben einem Ziel verschrieben, das dem des Doktors aus Salamanca genau entgegengesetzt war. Auch er bedauerte die Gleichgültigkeit der christlichen Welt gegenüber der islamischen Gefahr. Sein Heilmittel lag aber nicht darin, aufs neue den Weg des Friedens zu erkunden. Vielmehr predigte er eine Rückkehr zu kämpferischeren und mutigeren Tugenden, wie sie in den epischen Dichtungen der frühen Kreuzzüge geschildert wurden. Er hatte sich kurz zuvor in dieser Stimmung an den König von Frankreich gewandt:

> Lasset uns den Geist Gottfrieds von Bouillon, Philipps des Eroberers, des Königs von Frankreich, und des Heiligen Ludwig neu beleben! Wenn ihr dies tut, wird die ganze Welt rufen: »Ehre, Ruhm und Sieg Karl, dem König von Frankreich, dem Siegreichen, dem neuen David, dem neuen Konstantin, dem neuen Karl dem Großen, der nach all den Eroberungen, die Gott ihm gewährte, diese

zum Trost des Heiligen Katholischen Glaubens und zu seiner eigenen Ehre und zu seinem Ruhm benutzte, auf daß sein Name ewig sei.« Amen.[45]

Er beabsichtigte, die ursprünglichen Tugenden dieser Epenhelden wiederzubeleben und den Fäulnisprozeß innerhalb der Christenheit durch Rittertum und Disziplin sowie durch Unterdrückung von Häresie und Irrtum aufzuhalten. Es war kein schlechter Plan, hätte nur die geringste Chance bestanden, ihn durchzuführen. Das Schlimmste, was über Jean Germain gesagt werden kann, ist, daß er Tugenden forderte, die leichter in Zeremoniell und Symbolik auszudrücken waren als in Taten, und die eher den Neigungen eines reichen Hofes schmeichelten als der ganzen Welt. Das eine praktische Ziel, dem er sich zutiefst verpflichtet hatte, war der Kreuzzug. Den größten Teil seiner beträchtlichen Energien verwandte er darauf, die Herrscher und Menschen geistig auf dieses ersehnte Ereignis vorzubereiten.

Daher kann es ihn kaum gefreut haben, als er ein paar Tage vor dem Weihnachtsfest des Jahres 1455 ein riesiges Bündel mit Briefen und Abhandlungen von Johannes von Segovia erhielt, die auf eindringliche Weise deutlich machen sollten, daß der Krieg sinnlos sei und man eine friedliche Lösung für das Islamproblem finden müsse [46]. Am 26. Dezember erwiderte er, daß die Weihnachtsfeierlichkeiten ihn daran gehindert hätten, das ganze Paket zu lesen. Noch unter dem Eindruck der festlichen Tage stehend bestärkte er Johannes von Segovia in seinen Forschungen, fühlte sich aber gedrängt, darauf hinzuweisen, daß der Türke weiter vorrücke, und daß die ganze Welt solange in der Ungewißheit leben würde, bis man ihm Widerstand leistete. In einem anderen Brief arbeitete er dieses Argument in einem kämpferischeren Geist aus [47]. Der Heilige Krieg, so behauptete er, sei lange Zeit durch die Beschlüsse der Päpste und die Taten der Könige geheiligt worden. Die Römische Kirche habe denjenigen, die an ihm teilnahmen, ihre Autorität und ihre Vorrechte übertragen. Er werde vom Alten Testament und von einer langen Reihe christlicher Helden getragen. Ein neuer Kreuzzug stehe in seiner Vorbereitungsphase; nichts dürfe getan werden, um die militärischen Absichten Westeuropas zu schwächen. Was setze nun Johannes von Segovia dieser praktischen Politik entgegen? Einen Weg des Friedens. Aber ehe man das versuchen könne, müsse man sich die Zustimmung der muslimischen Fürsten sichern. Und wie solle das bewerkstelligt werden? Der Prophet des Islam habe jegliche Diskussion bezüglich der Lehre verboten, und die Geschichte früherer Diskussionsversuche habe gezeigt, daß sie zwangsläufig scheitern mußten. Eine Handlungsweise, die so gegen das christliche Gefühl verstoße, sei nur durch eine sichere Aussicht auf Erfolg gerechtfertigt. Während aber die Ergebnisse geringfügig seien oder ganz ausblieben, stehe der zu erwartende Schaden mit Sicherheit fest.

So schrieb Jean Germain als ein aufrichtiger Geistlicher, dem in erster Linie an der richtigen Ordnung der christlichen Welt gelegen war und nicht an den Feinheiten des Disputes. Man muß einräumen, daß viel von dem, was er sagt, unwiderlegbar ist. Wir müssen auch anerkennen, daß es unter der Oberfläche des Argumentes zwei Punkte gibt, in denen er und Johannes von Segovia grundlegend unterschiedlicher Meinungen waren. Zunächst war Jean Germain nur an der Christenheit und an dem Versuch interessiert, ihr einen Sinn für die eigene Identität zu geben: Vor allem waren ihm jene Christen – Kaufleute und andere – ein Greuel, die in wachsender Anzahl die Länder des Islam bereisten und mit Zweifeln und Kritik am christlichen Glauben zurückkehrten [48]. Anders als Johannes von Segovia befürchtete er, daß die Diskussion unter Ansteckung leiden werde. Und anders als Johannes von Segovia setzte er kein Vertrauen in jenen Konsens vernünftiger und gut informierter Leute, der die Grundlage des vom Konzil vereinbarten Denkens gewesen war. Er blickte eher auf den Herrscher, der durch die Lehre solcher Bischöfe, wie er es war, bestärkt wurde [49]. Vor langer Zeit, als er der erste Kanzler des Ordens vom Goldenen Vlies geworden war, hatte er den Helden des Ordens von Jason, dem heidnischen Helden der Legenden, zu Gideon, dem jüdischen Anführer der Kriege gegen die Philister, umgeändert bzw. umändern wollen. In dem Vlies sah er nicht das Goldene Vlies der Sage, sondern das Vlies Gideons, ein Symbol für das christliche Mysterium. Könnte Europa wieder kämpferische und religiöse Führer haben, so würde alles gut werden.

Aeneas Silvius

Ein letzter Briefpartner Johannes' von Segovia setzte sein Vertrauen ebenfalls in einen Herrscher, obschon er dieses Vertrauen in einer ganz anderen Weise zum Ausdruck brachte. Im letzten Monat seines Lebens griff Johannes von Segovia nach der Feder, um dem aufgehenden Stern der päpstlichen Kurie zu schreiben, einem Italiener diesmal, dem berühmtesten Humanisten seiner Zeit, Aeneas Silvius [50]. Dieser Brief war die letzte Anstrengung Johannes' von Segovia. Er war krank, konnte kaum die Feder halten und war dem Tode nahe. Aber es war wichtig, daß er diese Anstrengung unternahm. Johannes von Segovia bemühte sich, seinem Briefpartner gefällig zu sein. Er lobte die an die nunmehr weit entfernten deutschen Reichstage gerichteten Reden, in denen Aeneas versucht hatte, Europa dazu zu bewegen, dem Muslim die Stirn zu bieten. Aber er erinnerte ihn daran, daß das Evangelium davor warnt, mit nur zehntausend Mann zwanzigtausend entgegenzutreten. Er solle nicht vergessen, daß es generell mehr Sarazenen als Christen gebe. Und im Blick auf ein tieferes Verständnis solle er sich daran erinnern, daß Christus der Kirche Frieden und nicht Krieg geschenkt habe.

Das ist der allgemeine Inhalt des Briefes, und wir können uns vorstellen, daß er auf Aeneas einen gewissen Eindruck machte. Einige der Punkte appellierten zweifellos an den an Literaturkritik interessierten Humanisten in ihm. Aber als Mann der Tat und als Staatsmann rührte der Brief ihn überhaupt nicht an. Zwar konnte er dem auf dem Sterbebett liegenden Johannes von Segovia nicht antworten, doch seine tatsächliche Reaktion auf Johannes' Ideen war ein Brief, den er 1460 an den Eroberer Konstantinopels, Mohammed II., schickte [51]. Dieser Brief ist ein Meisterstück. Mit seiner brillanten Sprache, seiner diesseitigen Weisheit und der Klugheit, mit der er die Argumente an die Machtgelüste des Osmanen richtet, mit seiner Beschränkung auf das Wesentliche und der effektvollen Anordnung der rationalen Rechtfertigungen des Christentums ist dieser Brief ein Meisterwerk. Es fand sich nichts darin, was die Empfindlichkeiten eines Barbaren oder Edelmannes hätte verletzen können. Das ganze Werk besteht aus Klarheit, Kraft und Vernunft und wird mit höfischen Manieren und scharfsinnigen Argumenten präsentiert. Was allein fehlt, ist jegliche tiefere Aufrichtigkeit. Er schrieb eher als Anwalt, der einen Sachverhalt darlegt, denn als ein Mensch, der aus dem Herzen spricht. Aber von dem Gesichtspunkt eines europäischen Staatsmannes läßt sich schwer sagen, daß der Versuch, mit diesem Brief zu überzeugen, nicht der Mühe wert war.

Der Brief beginnt mit einer glänzenden Schilderung der Stärke der Königreiche der abendländischen Christenheit, die vor Gibbons großem Loblied auf das Abendland in seiner »Geschichte des Verfalls und Untergangs des Römischen Weltreiches« meiner Ansicht nach nicht ihresgleichen hat. Ich habe diese Passage, die den Stolz Europas auf dem Höhepunkt seiner Vorherrschaft in der Welt so großartig versinnbildlicht, bereits zitiert. 1460 war die Situation völlig anders; denn die Türken fielen über Europa her. Doch trotz aller Katastrophen gelang es Pius II., den Stolz auf die überlegene Zivilisation und das Vertrauen darauf zum Ausdruck zu bringen: »Ihr kennt«, sagt er, »unsere Angelegenheiten nicht so schlecht, daß Ihr nicht die Macht des christlichen Volkes kennen würdet – des so unerschütterlichen Spanien, des so kriegerischen Gallien, des so volkreichen Deutschland, des so starken Britannien, des so kühnen Polen, des so tüchtigen Ungarn und des so reichen und stolzen Italien, das in der Kriegskunst so erfahren ist.« [52] Der Türke solle nicht glauben, er könne auf Grund der leicht errungenen Siege der letzten paar Jahre hoffen, die Völker Europas überwinden zu können. Er habe aber mit seiner wirklichen Aufgabe noch nicht begonnen. Dann fährt Pius fort:

> Eine Kleinigkeit ist es, die aus Euch den größten und mächtigsten und berühmtesten Mann Eurer Zeit machen kann. Ihr fragt, was

das sei. Es ist nicht schwer zu finden, und Ihr müßt auch nicht weit gehen, um es zu finden. Man findet es auf der ganzen Welt – ein wenig Wasser ist's, mit dem Ihr getauft werden könnt, und Euch den christlichen Sakramenten zuwendet und an das Evangelium glaubt. Tuet dies, und es gibt keinen Herrscher auf der Welt, der Euch an Ruhm übertrifft oder an Eure Macht heranreicht. Wir werden Euch Kaiser der Griechen und des Ostens nennen. Das Land, das Ihr jetzt mit Gewalt besetzt haltet, werdet Ihr dann Rechtens besitzen, und alle Christen werden Euch verehren und Euch zu ihrem Richter machen [53].

»Vielleicht«, so spinnt er das Argument weiter, »wollt Ihr Eure Religion nicht aufgeben und Christ werden. Aber bedenket: Es gibt viele Punkte, über die Christen und Muslime einer Meinung sind: Ein Gott, der Schöpfer der Welt; ein Glaube an die Notwendigkeit des Glaubens; ein späteres Leben mit Belohnungen und Bestrafungen; die Unsterblichkeit der Seele; der gemeinsame Gebrauch des Alten und Neuen Testamentes – all das sind gemeinsame Grundlagen. Worin wir uns unterscheiden, ist die Natur Gottes.« [54] Und hier erklärt er rational und nüchtern die Unterschiede zwischen den beiden Religionen. Er tut das mit feinen, glücklich gewählten Formulierungen und wendet sich dann einigen der Beschuldigungen zu, die gegen die Christen vorgebracht werden, zunächst der Beschuldigung, sie würden den Bibeltext verderben. Auf der Grundlage der Textgeschichte beweist er mit Leichtigkeit, was für eine unwahrscheinliche Anschuldigung das ist, und er ergänzt seine Erklärung dadurch, daß er Mohammed II. ein kleines Problem in der Textkritik nennt, um seine Unwahrscheinlichkeit noch hervorzuheben. Ist es wahrscheinlich, daß die alten Texte des Alten Testamentes verfälschter sind als jene neueren Texte, die Mohammed und seine Anhänger kannten? Und wenn die Texte der Griechen, Juden und Heiden gegenüber jenen der Sarazenen übereinstimmten – welcher ist wahrscheinlich der richtige? [55] Nach wissenschaftlichen Maßstäben sind seine Argumente hier nicht anzugreifen.
Dann schließlich: »Wenn nichts sonst gegen Euer Gesetz sprechen würde, so würde es zu seiner Ablehnung allein ausreichen, daß Euer Gesetzgeber verbot, darüber zu diskutieren.« Er sei, das räumt er ein, ein weiser und kluger Mensch gewesen; er habe gewußt, daß seine Position nicht mit der Vernunft zu verteidigen war, und er habe die Pluspunkte, die er für sich verbuchen konnte, richtig eingeschätzt. Aber nur durch falschen Gebrauch der Sprache könnten wir dieses System mit dem stolzen Namen »Gesetz« belegen. »Schockiert Euch das? Dann hört das wahre Wesen des Gesetzes: Gesetz ist Vernunft im Handeln. Was gegen die Vernunft ist, ist gegen das Gesetz. Aber Euer Gesetzgeber verbietet die Argumentation, daher kann das, was er sagt, weder vernünftig noch ein Gesetz sein.« [56]

Wenn er also sein Argument mit einem Appell an die Vernunft abschloß, wandte Pius II. jenes Merkmal in seinem Gesetz gegen den Islam, das auch Wycliffe gewählt hatte, um den entscheidenden Punkt zu nennen, in welchem der Prophet des Islam und die Mohammede der abendländischen Kirche identisch waren. Aber er äußerte das Selbstvertrauen des Abendlandes in die Überlegenheit seines klassischen und christlichen Erbes – im Gegensatz zu Wycliffe, der die Enttäuschung aufgezeigt hatte, die unter der Oberfläche lag. Unter den damaligen Umständen muß diese Zuversichtlichkeit tollkühn erschienen sein – im Lichte der späteren Ereignisse war sie halbprophetisch. Ich kann diesem Werk meine Bewunderung nicht versagen. Es ist das Werk eines Staatsmannes, eines Humanisten und eines Mannes von Welt, der auf frühere und ursprünglichere Argumente zurückging als alle anderen, denen wir bisher begegnet sind, und zwar in der Art der politisch-klugen Argumentation, die Konstantin und Klovis überzeugt hatte. Anstatt ein wundersames Eingreifen in Aussicht zu stellen, mit dem die politische Klugheit Konstantins und Klovis' einherging, richtete Aeneas in seiner stolzen und intellektuellen Art seinen Appell nur an die Vernunft und den praktischen Menschenverstand und bettete ihn dabei in den ganzen Glanz der Rhetorik der Renaissancezeit. Selbstverständlich war ihm kein Erfolg beschieden, und vielleicht verdiente er ihn auch nicht.

III.

Wir nähern uns dem Ende unserer Betrachtungen, und es bleibt uns jetzt nur noch, die Fäden der Kontroverse, die wir soeben betrachtet haben, zusammenzuziehen und einen Blick nach vorn und zurück zu werfen. Der Zeitraum von ungefähr zehn Jahren zwischen etwa 1450 und 1460, als unsere vier Gelehrten und Staatsmänner sich mit dem Problem des Islam auseinandersetzten, habe ich den Augenblick der Vision genannt. Die Vision war widersprüchlich und in vielerlei Hinsicht offensichtlich trügerisch. Aber ich meine, man kann behaupten, daß sie umfassender, klarer und lebenswahrer war als zu irgendeinem Augenblick in der Zeit davor oder zu irgendeinem späteren Zeitpunkt – zumindest mehrere Jahrhunderte lang. Die Autoren dieser Periode hatten sich durch große Anstregungen selbst in den Besitz des Wissens des dreizehnten Jahrhunderts gebracht, und dieses vervollständigten sie durch die größere Erfahrung und Fähigkeit zur Selbstkritik des vierzehnten Jahrhunderts. Sie erkannten die ganze Komplexität des Problems, und sie erkannten es als dringende Realität, die eine Antwort erforderte. Sie mieden pompöse Versuche, dem Islam eine eindeutige Rolle in der Weltgeschichte zuzuweisen. Aber am anderen Ende der Skala waren sie alle entschlossen, Trivialitäten und unnö-

tige Details zu durchbrechen, um zu den zentralen Fragen vorzustoßen. Über das zu erreichende Ziel und den Weg, über den es zu erreichen sei, waren sie weitgehend verschiedener Meinung, aber sie versuchten, einfach, leicht faßlich und eindringlich zu sein. Durch die Tatsache, daß sie unterschiedliche Auffassungen vertraten, wird ein Fortschritt gegenüber ihren Vorgängern deutlich, und trotz ihrer Meinungsverschiedenheiten stimmen sie in einem Punkt überein: Sie beriefen sich mehr auf die praktische Vernunft und den gesunden Menschenverstand als auf verfeinerte und leere Spekulationen.
Sie setzten sich zwar gegenseitig auseinander, aber es gelang ihnen nicht, sich mit dem Islam auseinanderzusetzen. Weder die Konferenz, die Johannes von Segovia und Nikolaus von Kues wünschten, noch der von Jean Germain und Aeneas Silvius ersehnte Kreuzzug, und noch weniger der Appell des letzteren an Sultan Mohammed II. hatten eine Zukunft. An der östlichen Grenze rückte der Islam weiter vor, und er wurde erst in der Mitte des sechzehnten Jahrhunderts zum Stillstand gebracht. Im Mittelmeerraum wuchs die islamische Macht weiter; lange Jahre bestand die Gefahr, daß die Muslime von Syrien und die Mauren Spaniens sich verbündeten. Kreuzzüge und Argumentation verschwanden ebenso im Hintergrund wie Predigt und Überzeugung. Als die türkische Gefahr ihren Höhepunkt erreicht hatte und der Islam Europa zu verschlingen drohte, brachen zum letzten Mal die mittelalterlichen apokalyptischen Weissagungen hervor, die denen des Eulogius und Paul Alvarus aus dem Spanien des neunten Jahrhunderts und denen von Joachim von Fiore aus dem Italien des späten zwölften Jahrhunderts ähnelten. 1542 hatten die Türken Ungarn überrannt – das erste große Königreich des westlichen Europa, das seit der muslimischen Invasion des westgotischen Spanien im Jahr 711 durch einen Angriff von außen vernichtet werden sollte. Es war die erste Umkehrung jener expansiven Bewegung, mit der an der Ostgrenze Europas im zehnten Jahrhundert neue Königreiche hinzugewonnen worden waren. Die Reaktion des Königs von Frankreich war gewesen, sich mit dem Türken zu verbünden. Es schien so, als ob auch Deutschland in jedem Augenblick zusammenbrechen könnte.

Luther

Zu dieser Zeit fertigte der betagte Luther – nun ein zorniger alter Mann – in seinem ihm eigenen kraftvollen Deutsch eine Übersetzung eines der großen antiislamischen Werke des dreizehnten Jahrhunderts an, nämlich von Ricoldo da Montecroces *Confutatio Alchoran*[57]. Es sollte eine der Zeit entsprechende Abhandlung sein. Dieser Übersetzung fügte er eine Vorrede und einen Anhang hinzu, in denen er –

vermutlich unwissentlich – einer alteingewurzelten Tradition jenes Denkens machtvollen Ausdruck verlieh, daß man nämlich die Hoffnung aufgeben könne, eine politische oder intellektuelle Lösung für das Islamproblem zu finden. Luther war davon überzeugt, daß die Muslime nicht bekehrt werden könnten. Ihre Herzen seien verstockt; die Schriften verachteten sie, Argumente lehnten sie ab und hingen am Lügengespinst des Koran [58]. Das war nur das, was Jean Germain gesagt hatte, als er sich für eine Neuauflage des Kreuzzuges stark machte. Aber in Luthers Augen war der Krieg gegen den Islam so lange sinnlos, als das Abendland in seinen Sünden verharrte: »Gott wird uns nie den Sieg schenken, wenn Leute wie die, die wir haben, für uns kämpfen.« Insofern als er den Krieg als eine Lösung ablehnte, stand er auf der Seite Roger Bacons, Wycliffs, Johannes' von Segovia und wahrscheinlich der Mehrheit der Intellektuellen seit dem dreizehnten Jahrhundert. Aber im Gegensatz zu ihnen und jedem anderen Abndländer seit dem neunten Jahrhundert freute er sich auf die Wahrscheinlichkeit, daß die Christenheit vom Islam verschlungen werde. Er schrieb, um den Glauben jener Christen zu stärken, die sich in dieser Situation befinden sollten. Der Erfolg der Türken und Sarazenen über so viele Jahrhunderte hinweg beweise nicht, daß diese die Gunst Gottes genössen: Sie erfüllten lediglich die Weissagung, daß das Blut Christi vom Beginn der Welt bis zu deren Ende vergossen werden müsse. Deshalb, so sagt er, müssen wir es zulassen, daß die Türken und Sarazenen ihren Willen tun: »Also müssen wir die Turcken Sarracenen mit irem Mahomet lassen faren, als uber die der zorn Gottes, bis ans ende komen ist (wie S. Paulus von den Iüden sagt). Und dencken wie wir erhalten werden und bey Gottes gnaden bleiben mügen, damit wir nicht mit dem Mahmet verdampt werden.« [59]
Luther schrieb, als ob er vor einer langen Nacht in der Abenddämmerung der Christenheit stünde. Und in die Zukunft blickend fragte er, ob Mohammed und seine Anhänger der Antichrist seien. Wie Joachim von Fiore antwortete er mit einem Nein. Der Islam sei für diese gewaltige Rolle zu grob und irrational. Der wirkliche und endgültige, subtile und heimtückische Antichrist müsse aus dem Schoß der Kirche kommen. Es sei kein anderer als der Papst persönlich [60]. Das war auch das Bild von Joachim von Fiore und großenteils der spätmittelalterlichen Apokalyptik gewesen, wenn Luther dem auch seine eigene theologische Feindseligkeit hinzufügte. Für ihn und für sie befand sich die christliche Welt im Zangengriff eines äußeren und eines noch schrecklicheren inneren Feindes. Um gegen den äußeren Feind bestehen zu können, müsse sie sich zuerst vom inneren Feind befreien [61]. Bis dahin könne man nichts anderes tun als leiden. Das hatte auch Wycliffe gesagt [62].
Hier nun erreichen wir geistig die endgültige Auflösung der Vorstellung von der Christenheit als einer organischen Einheit, die ihre

äußeren Feinde durch Argumentation oder Gewalt überwindet. Was in der Tat stattfand, war natürlich weder die von Luther vorhergesehene Auflösung noch der Triumph, den so viele andere geplant und erstrebt hatten. Was den Islam anbelangt, so zerschlugen sich ihre Pläne. Die Geisteshaltung jedoch, die sie sich während ihres langen Ringens um Verständnis erworben hatten, fand anderswo einen Ausdruck, und zwar nirgendwo mit größerem Erfolg als bei den gelehrten Männern von Salamanca, zu deren frühesten Vertretern Johannes von Segovia gehört hatte. Sie wandten zwar ihre Gedanken vom Islam ab und den beiden Indien zu, aber sie waren bestrebt, im gleichen Geiste rationaler Mäßigung jene Prinzipien zu erkennen, mit Hilfe derer die Probleme des neuen Zeitalters zu lösen waren; denn das Abendland blickte nun nach Westen, in die Neue Welt. Wenn das Islamproblem jemals gelöst wurde, so durch die historischen Ereignisse, und nicht durch Gedanken oder Absichten – wie edel diese auch immer gewesen sein mochten. Das praktische Ergebnis so großer geistiger Anstrengung war außerordentlich mager. Aber als ein Kapitel in der Geschichte des europäischen Erlebens kommt ihm ein bemerkenswerter Rang zu. Von der Bibelexegese Bedas und der karolingischen Gelehrten sind wir zu den unbändigen Phantasieschöpfungen des frühen zwölften Jahrhunderts geführt worden. Wir sind zu den kühnen und hoffnungsvollen Spekulationen des dreizehnten Jahrhunderts empor- und auf den festen Boden der Textkritik im fünfzehnten Jahrhundert herabgestiegen. Wir haben beobachtet, welch unterschiedliche Wirkungen die Bibel auslöste, die die Menschen bald zu historischen Rekonstruktionen veranlaßte und bald – in Abständen – zu ungeheuerlichen und ehrfurchteinflößenden apokalyptischen Visionen. Wir haben gesehen, wie die nicht unvorhersagbaren großen Völkerbewegungen und die unauffälligen Bemühungen der Übersetzer in Toledo und anderswo die ganze Sicht des islamischen Problems verändert haben. Und dann haben wir gesehen, wie sich große Denksysteme unter dem Einfluß einer neuen Wende in den Weltgeschehnissen auf einmal verfinsterten und in Vergessenheit gerieten.

Am meisten springt uns die Unfähigkeit aller dieser Denksysteme ins Auge, eine letztlich befriedigende Erklärung für das Phänomen zu liefern, das zu erklären sie sich bemüht hatten – ferner die noch geringere Fähigkeit, den Lauf der praktischen Ereignisse auf entscheidende Art und Weise zu beeinflussen. Auf faktischer Ebene waren die Ereignisse am Ende niemals so gut oder so schlecht, wie es die intelligentesten Beobachter vorhergesagt hatten. Und es ist vielleicht bemerkenswert, daß sie sich immer dann als besser herausstellten, wenn man vertrauensvoll das Schlimmste vorausgesagt hatte, und daß sie sich dann als übler erwiesen, wenn die besten Kenner mit Sicherheit einen glücklichen Ausgang erwartet hatten. Gab es denn irgendeinen Fortschritt? Meiner Überzeugung nach ja. Selbst wenn sich das Problem hartnäckig einer Lösung entzog, wurde die Darstellung des Problems in allen drei Abschnitten der von uns untersuchten Kontroverse immer komplexer, rationaler und praxisbezogener. Den Gelehrten, die sich im Mittelalter mit dem Problem des Islam abmühten, gelang es nicht, die Lösung zu finden, nach der sie suchten und sich sehnten. Aber sie entwickelten geistige Haltungen und Kräfte der Einsicht, die, in anderen Menschen und auf anderen Gebieten, doch einen Erfolg verdient haben mochten.

Anmerkungen

I. Das Zeitalter der Unwissenheit

1 E. Renan, *Averroès et l'Averroïsme,* 1852.

2 Besonders erwähnt seien: U. Monneret de Villard, *Lo studio dell'Islam in Europa nel XII e nel XIII secolo* (Studi e Testi, 110), 1944; G. Théry, *Tolède, grande ville de la Renaissance médiévale,* 1944; D. Cabanelas Rodríguez, *Juan de Segovia y el problema islámico,* 1952; N. Daniel, *Islam and the West: The Making of an Image,* 1960. Das letztgenannte Werk enthält eine umfangreiche Bibliographie.
Mehrere der im ersten Kapitel diskutierten Dokumente wurden von M. T. d'Alverny kommentiert in »La connaissance de l'Islam en occident du IXe au milieu du XIIIe siècle«, *L'Occidente e l'Islam nell'alto medioevo: Settimane di studio del centro italiano di studi sull'alto medioevo,* VII, 1964 (1965), 577–602.
Für eine rezente Behandlung des Themas insgesamt siehe auch N. Daniel, *The Arabs and Medieval Europe,* London, 1975. W. Montgomery Watt, *The Influence of Islam on Medieval Europe* (Islamic Survey 9, Edinburgh, 1972) ist eine hilfreiche Einführung in das Problem »der Einfluß des Islam«, im Gegensatz zu den Auffassungen, die im mittelalterlichen Abendland über den Islam vertreten wurden.

3 James Boswell: Dr. Samuel Johnson. Leben und Meinungen. Zürich: 1951.

4 Einen Eindruck von den gelehrten Quellen des Islam im frühen zwölften Jahrhundert erhält man bei A. J. Arberry, *A Twelfth-Century Reading List: A Chapter in Arab Bibliography,* 1951.

5 R. Walzer, »Arabic Transmission of Greek Thought to Medieval Europe«, *Bulletin of the John Rylands Library,* Manchester, XXIX, 1945–46, 160–183.

6 Was Gerbert anbelangt, so mag hier ein Hinweis auf die immer noch unübertroffene Edition seiner Briefe von J. Havet, 1889, genügen, die durch die Chronik Richers ergänzt wird, hrsg. R. Latouche in *Les classiques de l'histoire de France au Moyen Age,* 1930–1937, II, 54–56 und A. Olleris, *Œuvres de Gerbert,* 1867.
Havets Ausgabe von Gerberts Briefen ist nun abgelöst worden von F. Weigle, *Die Briefsammlung Gerberts von Reims,* Mon. Germ. Hist. Briefe der deutschen Kaiserzeit, ii, 1966.

7 Für Avicennas Autobiographie siehe A. J. Arberry, *Avicenna on Theology,* 1951, und für einen Überblick über sein Leben und Werk S. M. Afnan, *Avicenna: His Life and Works,* 1958.

8 *Gibbon's Geschichte des Verfalles und Unterganges des Römischen Weltreiches* nebst einer biographischen Skizze über den Verfasser. Deutsche Ausgabe in einem Bande von Johann Sporschil, Leipzig, 1837, Kapitel xxxviii, »Allgemeine Bemerkungen über den Fall des römischen Reiches im Westen«.

9 Die meisten von Bedas Anspielungen auf die Sarazenen sind von C. Plummer in seiner Ausgabe der *Historia Ecclesiastica,* 1896, II, 339 zusammengetragen. Ferner siehe M. L. W. Laistner, *Bedae Venerabilis Expositio Actuum Apostolorum et Retractatio,* 1939, S. 34, 149, 152, 157.

10 Eusebius hatte sie zu Beginn des vierten Jahrhunderts und Josephus noch früher identifiziert. Bedas unmittelbare Quelle war Isidor von Sevilla; aber es ist zu beachten, daß Isidor in seinen Kommentaren zu Genesis, Kapitel VIII und XVII (Patrologia Latina = P. L. LXXXIII, 242, 248–49) nichts über die Sarazenen sagte. Hier beschränkte er sich auf die traditionelle Gleichsetzung der Kinder der Hagar mit den Juden.

11 Griechische Autoren führten den Namen auf ein Wortspiel zurück: *tēs Sarras xenous = a Sarra vacuos,* den Worten Hagars »Sarra vacuam me dimisit« folgend (siehe Johannes Damaszenus, *De Haeresibus, Patrologia Graeca,* XCIV, 763). Diese Interpretation aber war den Lateinern nicht zugänglich, die eine andere Erklärung suchen mußten. Die möglichen Erklärungen gibt Isidor an: Entweder die Sarazenen behaupteten (zu Unrecht), sie stammten von Sarah ab, *a Sarra geniti,* oder sie wurden nach ihrer syrischen Herkunft so genannt, *quasi Syrigenae* (*P. L.* LXXXII, 329, 333).

12 Über diesen Punkt findet sich eine lange Erörterung in dem Genesis-Kommentar von Angelomus von Luxeuil, einem Autor aus der Mitte des neunten Jahrhunderts, der von sich meinte, direkt in der Tradition Alkuins zu stehen und den höchsten Maßstäben der karolingischen Gelehrsamkeit gerecht zu werden (*P. L.* CXV, 179 ff.).

13 Hinsichtlich der allgemeinen Lage siehe E. Lévi-Provençal, *Histoire de l'Espagne musulmane,* zweite Aufl., 1950, I, 225–239, und für eine lebendige, aber einseitige Darstellung der Ereignisse der Epoche, R. Dozy, *Histoire des Musulmans d'Espagne,* neue Ausgabe, 1932, I, 317 ff.
Für die Ereignisse in der Mitte des neunten Jahrhunderts siehe E. P. Colbert, *The Martyrs of Córdoba (850–859): A Study of the Sources,* Catholic University of America: Studies in Medieval History, XVII, 1962.

14 Koran IX.

15 Zwei Mönche von S. Germain-des-Prés, die auf der Suche nach den Reliquien des Heiligen Vinzenz waren, fanden 858 endlich den Weg nach Córdoba und kehrten mit den Leichnamen von drei der kurz zuvor verstorbenen spanischen heiligen Märtyrer nach Nordeuropa zurück. Sie haben eine wertvolle Beschreibung ihrer Reisen hinterlassen, und durch sie kam die Kunde von der spanischen Bewegung in den Norden. Kaiser Karl der Kühne interessierte sich für die Sache und ließ später weitere Informationen einholen. Zu all dem siehe (neben den bereits erwähnten Werken) B. de Gaiffer, »Les notices hispaniques dans le Martyrologe d'Usuard«, *Anacleta Bollandiana,* LV, 1937, 268–283.

16 Paul Alvarus, *Vita Eulogii,* cap. iii (*P. L.,* CXV, 712).

17 Paul Alvarus, *Indiculus Luminosus, P. L.* CXXI, 555–556, zitiert in Dozy, *Musulmans d'Espagne,* I, 317.

18 Für ihre Werke, siehe *P. L.* CXV, 705–870; CXXI, 397–566; und für neuere Untersuchungen und Ausgaben siehe C. M. Sage, *Paul Albar of Cordoba: Studies on his Life and Writings,* 1943, und J. Madoz, *Epistolario de Álvaro de Córdoba,* 1947.

19 Im folgenden Abschnitt habe ich die Kommentare zu Daniel VII, 23–25 im *Indiculus Luminosus, P. L.* CXXI, 535–536, zusammengefaßt.

20 Für die Theorie von den vier Reichen in der frühchristlichen Literatur siehe J. W. Swain in *Classical Philology,* XXXV, 1940, 18–21.

21 In der Vulgata heißt es: »et tradentur in manu eius usque ad tempus, et tempora, et dimidium temporis«.

22 Diese Darstellung des Lebens Mohammeds tritt in mehreren, leicht variierenden Formen auf. Eulogius, *Liber Apologeticus Martyrum,* Kap. 15, sagt, daß er sie in Navarra im Kloster Leyre in der Nähe von Pamplona fand (*P. L.* CXV, 859). Es war eindeutig eine spanische Schöp-

fung; denn seine Symbolik ist vom Gebrauch des chronologischen Zeitalters von Spanien abhängig, das der üblichen Zeitrechnung um 38 Jahre voraus war.

23 Die einflußreichste der nordischen Darstellungen vom Weltenende war *De Ortu et tempore Antichristi* von Adso, dem Abt von St. Benigne von Dijon. Dieses Werk (Hrsg. Sackur, *Sibyllinische Texte u. Forschungen)* brachte es in Mode, die Rolle der Sarazenen zu übergehen. Zweihundert Jahre, nachdem es verfaßt worden war, beriefen sich die Berater Richards I. auf seine Lehre, um den Neuheiten Joachims von Fiore zu widersprechen (s. u. S. 30).

24 *P. L.* CXX, 804 ff. Matthäus XXIV, 14 erklärt, »die Frohe Botschaft vom Reiche wird in der ganzen Welt verkündet werden ... Und dann wird das Ende kommen«. Paschasius argumentiert, daß dies sich beinahe, wenn nicht gar vollkommen, bewahrheitet hatte: Prediger hatten die skandinavischen Völker und die westlichen Inseln erreicht, und was die Sarazenen anbelange, könne man nicht sagen, sie hätten die Frohe Botschaft nicht vernommen, wenn sie sie auch abgelehnt hatten. Selbst wenn das Evangelium in der ganzen Welt verkündet sei, könnten wir doch nicht sagen, wieviel Zeit bis zum Weltenende noch vergehen müsse.

25 Ralph Glaber erinnert in seiner *History* (hrsg. M. Prou, 1886, S. 11–12) an einen Vorfall im Leben des Abtes Majolus von Cluny im Jahre 972. Der Abt war von den Sarazenen von La Garde-Fresnet gefangengenommen worden. Er ließ seine Bibel zu Boden fallen, und einer der Sarazenen stellte seinen Fuß darauf. Aber er wurde von einigen milder gestimmten Sarazenen für die Beleidigung der Propheten zurechtgewiesen. Ralph Glaber fügt hinzu, daß die Sarazenen glauben, die Weissagungen des Alten Testamentes seien in Mohammed erfüllt worden, und sie besäßen Genealogien, die Mohammeds Abstammung auf Ismael zurückführen, und die jener Genealogie Christi ähnelten, die am Anfang des Matthäusevangeliums steht. Diese Passage ist interessant, nicht nur weil Mohammed darin vorkommt, sondern weil sie der erste Bericht über die muslimische Religion im nördlichen Europa und der erste Beleg für den Kontakt zwischen Cluny und dem Islam ist, der in der Koranübersetzung unter Petrus Venerabilis gipfelte.

26 Das Bild von Mohammed und seinen Anhängern, das sich in der ersten Hälfte des zwölften Jahrhunderts durchsetzte und üblich wurde, kann am besten anhand der folgenden Lebensdarstellungen Mohammeds untersucht werden:

– (1) Embrico von Mainz, *Vita Mahumeti* (Hrsg. F. Hübner, *Historische Vierteljahrschrift,* N. F. XXIX, 1935, 441–490), ein Gedicht mit 1142 Zeilen in gereimten Distichen. Das Gedicht wird in einigen MSS Hildebert von Tours zugeschrieben, aber diese Zuschreibung kann nicht akzeptiert werden. Wir wissen jedoch nichts über Embrico. Er wird oft mit dem Dekan von Mainz desselben Namens gleichgesetzt, der 1064 Bischof von Augsburg wurde und 1077 starb. Es bestehen Bedenken gegen diese Auffassung, die von ihrem letzten Verfechter, G. Cambier in *Latomus,* XVI, 1957, 468–479 nicht zerstreut werden konnten. Zum ersten erwähnt das offensichtlich nach dem seinem Tod geschriebene Lobgedicht auf den Autor nicht, daß er Bischof wurde, und zweitens passen Thema und Stil des Werkes eher zu einem Datum im zwölften als im elften Jahrhundert. G. Cambier hat Antworten auf diese Einwände, aber diese erscheinen mir nicht überzeugend. Einen besseren Vorschlag, nämlich Embrico, Schatzmeister von Mainz (1090–1112), siehe W. Wattenbach, *Deutschlands Geschichtsquellen im Mittelalter,* Hrsg. R. Holtzmann, I, 1948, 450.

In jedem Fall stammen alle MSS aus dem zwölften Jahrhundert bzw. aus späterer Zeit. Zehn der vierzehn existierenden MSS stammen aus dem zwölften oder frühen dreizehnten Jahrhundert, und sie machen hinlänglich deutlich, zu welchem Zeitpunkt das Werk populär war.
– (2) Walter von Compiègne, *Otia de Machomete* (Hrsg. R. B. C. Huygens, *Sacris Erudiri,* VIII, 1956, 286–328), ein Gedicht mit 1090 Zeilen, geschrieben zwischen 1137 und 1155 und dann wahrscheinlich eher zu einem früheren Zeitpunkt als zu einem späteren.
– (3) Guibert von Nogent, *Gesta Dei per Francos,* i, 3 (*P. L.* CLVI, 679–838). In seinem Bericht über den Ersten Kreuzzung, der vor 1112 abgeschlossen wurde, widmete Guibert ein Kapitel dem Leben Mohammeds.
Diese Darstellungen weichen in Einzelheiten voneinander ab, aber sie zeigen denselben Kenntnisstand und dieselbe Einstellung zum Thema. Sie beruhen alle auf mündlichen Zeugnissen, wobei Walter von Compiègne genau über die Stufen berichtet, über die seine Informationen von einem bekehrten Muslim bis zu ihm gelangten. Außer Embrico, der sich vollkommen irrt, bleiben sie alle im Hinblick auf Mohammeds Lebensdaten sehr verschwommen. Alle sind ausgeschmückt mit übertriebenem Detail von mehr oder weniger derselben Machart und sind nur zu einem sehr geringen Teil historisch.

27 Herr R. W. Hunt hat mich auf den ersten einer Reihe von Artikeln von G. Cambier aufmerksam gemacht, »Les sources de la Vita Mahumeti d'Embricon de Mayence«, *Latomus,* XX, 1961, 100–115, in dem der Widerhall von byzantinischen, arabischen und klassischen Legenden, die sich in diesem Werk finden, diskutiert wird.
Der zweite und letzte von C. Cambiers Artikeln über die *Vita Mahumeti* von Embrico von Mainz findet sich in *Latomus,* XX, 1961, 364–380.

28 Er kannte den wirklichen Namen des Propheten nicht und nannte ihn Mathomus, und er meinte, er müsse aus einer Zeit stammen, die von seiner eigenen nicht weit entfernt sei.

29 Der Charakter der Sarazenen in dieser Literatur wurde von W. W. Comfort, »The Saracens in the French Epic«, *Publications of the Modern Language Association of America,* LV, 1940, 628–659, untersucht.

II. Das Jahrhundert der Vernunft und Hoffnung

1 *Gesta Regum,* Hrsg. W. Stubbs (Rolls Series), S. 230, wo Wilhelm feststellt, daß die Wenden und Letten beinahe als einzige auf der Welt noch Heiden sind; *nam Saraceni et Turchi Deum Creatorum colunt, Mahomet non Deum sed eius prophetam aestimantes.*

2 In Pedro de Alfonsos Dialog eines Christen mit einem Juden (*P. L.* CLVII, 535–672) findet sich eine Darstellung und eine Kritik am muslimischen Glauben, die bei weitem die bestinformierte und rationalste Erklärung des Falles im zwölften Jahrhundert und auch eine der besten des ganzen Mittelalters ist. Aber die Lebensumstände des Autors waren so ungewöhnlich, daß sein Werk auf die allgemeine Entwicklung der Kontroverse keinerlei Einfluß ausübte, obwohl es im Mittelalter, vor allem in England, ziemlich gut bekannt war und zitiert wurde.

3 Es besteht große Ungewißheit sowohl über den Zeitpunkt als auch den Ort der Abfassung des Ps-Turpin. Er kann wohl kaum später als 1150 verfaßt worden sein und kommt wahrscheinlich aus Frankreich – meiner Meinung nach höchstwahrscheinlich aus Vienne. Aber darüber herrscht

keine Einigkeit. Siehe die Editionen von H. M. Smyser, 1937 und W. M. Whitehill, *Liber Sancti Jacobi: Codex Calixtinus,* 1944; und die Untersuchung von P. David, *Le Ps-Turpin* (Etudes sur le livre de S. Jacques, III), 1948.

4 *Chronicon,* hrsg. A. Hofmeister (Scriptores rerum Germanicarum in usum scholarum), 1912, S. 317 f.

5 Die epochemachende Untersuchung über dieses Thema stammt aus der Feder von M. T. d'Alverny, »Deux traductions latines du Coran au Moyen Age«, *Archives d'histoire doctrinale et littéraire du Moyen Age,* XVI, 1948, 69–131. Alle Arbeiten jüngeren Datums gehen auf diesen Artikel zurück. Für einen Überblick über die Ereignisse siehe J. Kritzeck, »Robert of Ketton's Translation of the Qu'rān«, *Islamic Quarterly,* II, 1955, 309–312.
Für eine Darstellung vom Werk des Petrus Venerabilis auf diesem Gebiet siehe J. Kritzeck, *Peter the Venerable and Islam,* Princeton, 1964.

6 *P. L.* CLXXXIX, 651–652.

7 *P. L.* CLXXXIX, 673 f.

8 Eine vollständige Darstellung des Gespräches zwischen Joachim und Richard I. wurde von einem Augenzeugen, dem großen englischen Historiker Roger von Howden, aufgezeichnet. Die Authentizität seines Berichtes ist lange Zeit Gegenstand einer Kontroverse gewesen, teils, weil die Biographen Joachims nicht glauben wollten, daß dieser die Ansichten vertrat, die ihm hier zugeschrieben werden, und teils, weil es zwei weit voneinander abweichende Berichte von der Begegnung gibt. Der erste dieser Einwände wurde durch die Entdeckung und Veröffentlichung des *Liber Figurarum* widerlegt: Er stimmt genau mit den Meinungen überein, die Joachim von dem englischen Verfasser zugeschrieben wurden, und es ist bewiesen worden, daß dieser die wesentlichen Richtungen von Joachims Denken richtig wiedergibt (siehe vor allem M. E. Reeves, »The *Liber Figurarum* of Joachim of Fiore«, *Medieval and Renaissance Studies,* II, 1950, 57–81). Der zweite Einwand wurde durch die Entdekkung widerlegt, daß Roger von Howden beide Berichte über das Gespräch mit Richard I. verfaßt hat (siehe D. M. Stenton, »Roger of Howden and *Benedict*«, *English Historical Review,* LXVIII, 1953, 574–582). Sobald dies bemerkt worden war, war klar, daß Roger von Howden später seinen ursprünglichen und zeitgenössischen Bericht von der Begegnung abänderte, um ihn mit späteren Ereignissen in Einklang zu bringen. Für den ursprünglichen Bericht siehe *Gesta regis Henrici secundi Benedicti Abbatis,* Hrsg. W. Stubbs (Rolls Series), II, 151–155; für den revidierten Bericht: *Chronica magistri Rogeri de Houdene,* Hrsg. W. Stubbs (Rolls Series) III, 75–79.

9 Es gibt eine bildliche Darstellung dieser Sequenz von Ereignissen im *Liber Figurarum* bei L. Tondelli, *Il Libro delle Figure dell'abate Gioachino da Fiore,* Tafel XIV. Dasselbe Bild findet sich im Corpus Christi College, Oxford, MS. 255 A. Fräulein Marjorie Reeves bin ich wegen ihrer Hilfe in diesem ganzen Bereich sehr zu Dank verpflichtet.
Siehe jetzt die beiden wichtigen Arbeiten von Marjorie Reeves über Joachim von Fiore und seinen Einfluß: *The Influence of Prophecy in the Later Middle Ages,* Oxford, 1969; und (zusammen mit B. Hirsch-Reich) *The ›Figurae‹ of Joachim of Fiore,* Oxford-Warburg Studies, 1972.

10 In einem Kreuzzugsaufruf vom April 1213, der an alle Teile Europas außer Spanien gerichtet war, setzt Innozenz III. Mohammed ausdrücklich mit dem Tier der Apokalypse gleich: »dessen Zahl 666 erfüllt ist«. Er argumentiert so: Da von dieser Zahl bereits beinahe 600 Jahre vergangen sind (vermutlich seit der Hegira von 622 oder vielleicht seit

Mohammeds Tod im Jahr 632), steht sein Ende bevor (*P. L.* CCXVI, 817–822). Es wäre interessant zu wissen, auf welche Anregung dieser Brief zurückgeht.

11 Die Schätzungen des Petrus Venerabilis variieren: »eius lethali peste dimidius pene orbis infectus agnoscitur« (*P. L.* CLXXXIX, 650); »pene dimidia pars mundi« (*ibid.* 656); *aber:* »pene tertiam humani generis partem« (*ibid.* 652).

12 Dieser und der weiter unten erwähnte Brief aus Damiette sind abgedruckt bei: F. Zarncke, »Zur Sage vom Priester Johannes«, Neues Archiv, II, 1877, 612–614.

13 Wilhelm von Rubroeks Reisebericht ist abgedruckt bei A. van den Wyngaert, *Sinica Franciscana,* I, 1929. Für die Debatte in Karakorum siehe S. 289–297.

14 Es gibt fünf mittelalterliche Manuskripte des Werkes: Corpus Christi College, Cambridge, MSS. 66, 181 und 407; British Museum Royal MS. 14. C. xiii; und Leiden Univ. MS. 104. Das zuletzt genannte ist aber eine Kopie von C. C. C. C. 181.

15 Es gibt ein hervorragendes Resümee dieser Aktivität bei G. Théry, *Tolède, grande ville de la Renaissance médiévale,* 1944. Dort finden sich Hinweise auf die Hauptwerke früherer Gelehrter. Für spätere Arbeiten siehe A. Alonso in *al-Andalus,* XII, 1947, 295–338, und XXIII, 1958, 371–380; M. T. d'Alverny in *Archives d'histoire doctrinale et littéraire du Moyen Age,* XIX, 1952, 337–358, und in *Accademia nazionale dei Linzei,* XL, 1957, 71–87.
Eine im Erscheinen begriffene Untersuchung über *Translations and Translators* von M. T. d'Alverny wird Belege dafür liefern, daß die Herstellung von Übersetzungen in Spanien zu jener Zeit weniger eng mit Toledo verbunden war, als man annahm. Für einen generellen Überblick siehe C. H. Haskin, »Translators from the Arabic in Spain«, *Studies in the History of Medieval Science,* 1924, 3–19.

16 Siehe P. M. de Contenson, »S. Thomas et l'Avicennisme latin«, *Revue des sciences philosophique et théologique,* XLIII, 1959, 3–31. Für die frühere Literatur zu diesem Thema mag der Hinweis auf »Avicennisme latin et vision de Dieu au début du XIII siècle«, *Archives d'hist. doct. et litt. du M. A.,* XXXIV, 1959, 29–97 desselben Autors genügen sowie auf H. F. Dondaine, »L'objet et le médium de la vision béatifique chez des théologiens du XIII siècle«, *Recherches de théologie ancienne et médiévale,* XIX, 1952, 60–130. – Der betreffende Erlaß der Universität von Paris findet sich im *Chartularium Universitatis Parisiensis,* Hrsg. Denifle und Chatelain, I, no. 128.

17 Für neuere Zusammenfassungen der seit langer Zeit bestehenden Kontroverse um den Einfluß des Islam auf Dantes *Divina Commedia* siehe E. Cerulli, »Dante e Islam«, *al-Andalus,* XXI, 1956, 229–253, und G. Levi della Vida, »Nuova luce sulle fonti islamiche della Divina Commedia«, *al-Andalus,* XIV, 1949, 337–407.
Ich bin heute viel weniger als früher davon überzeugt, daß die Übersetzung von Mohammeds Reise durch Himmel und Hölle, die unter dem Titel *Liber de Scala Machometi* bekannt ist, Dante in irgendeiner Weise beeinflußte. Wenn dem doch so ist, dann ist dieser Einfluß sicherlich gering. Siehe meinen Aufsatz »Dante and Islam« in *Relations between East and West in the Middle Ages,* hrsg. von Derek Baker, Edinburgh, 1973, S. 133–154, mit der hier zitierten Literatur.

18 *Inferno,* iv, 129, 143–144.

19 Die drei Werke von 1266 bis 1268, in denen er seine Gedanken zur intellektuellen Strategie der Christenheit erläuterte, sind das *Opus Maius*

(Hrsg. J. H. Bridges, 3 Bde., 1900), das *Opus Minus* und das *Opus Tertium* (Hrsg. J. S. Brewer, Rolls Series, 1859).

20 *Baconis Operis Maius Pars Septima seu Moralis Philosophia,* Hrsg. E. Massa, 1953.

21 *Opus Maius,* iii, 122.

22 *Ibid.*, S. 121–122.

23 *Opus Tertium,* S. 65.

24 *Moralis Philosophia,* S. 189–192.

25 *Ibid.*, S. 195.

26 Für Bacons Meinung darüber, welche Bedeutung die Philosophie für den christlichen Glauben hat, siehe vor allem *Metaphysica fratris Rogeris,* Hrsg. R. Steele (Opera hactenus inedita, I), S. 6–7, 36–39.

27 *Moralis Philosophia,* S. 196.

28 *Ibid.*, S. 218–223.

29 Wilhelm von Tripolis, *Tractatus de Statu Saracenorum,* gedruckt in H. Prutz, Kulturgeschichte der Kreuzzüge, 1883, 573–598. Die zitierte Passage steht auf S. 595 f.

30 *Ibid.*, S. 596.

31 Diese Überlieferung ist in verschiedenen Formen erhalten, z. B.: »Das Kalifat wird unter den Kindern meines väterlichen Onkels (ʿAbbās) und des Stammes meines Vaters fortbestehen, bis sie es dem Messias übergeben«; »Die Regierung wird solange mit ihnen weiterbestehen, bis sie sie in die Hände von Jesus, dem Sohn der Maria, legen« (zitiert in T. W. Arnold, *The Caliphate,* 1924, S. 52–53).

32 *De Statu Saracenorum,* S. 596.

33 *Ibid.*, S. 598.

34 *Descriptio Terrae Sanctae,* gedruckt in J. C. M. Laurent, *Peregrinationes medii aevi quatuor,* 1864, S. 91–93.

35 Für diese Mission s. W. Budge, *The Monks of Kublai Khan,* S. 164–197; und für den Hintergrund R. Grousset, *Histoire des Croisades,* III, 707 ff., und S. Runciman, *History of the Crusades,* II, 397–401.

III. Der Augenblick der Vision

1 Raymundus Lullus, *Opera Latina,* Hrsg. Schola Lullistica, 1954, fasc. iii, *Quomodo Terra Sancta recuperari potest,* S. 96.

2 Der Text von Ricoldos *Liber Peregrinationis,* auf dem die nachfolgende Darstellung beruht, findet sich, zusammen mit einem Überblick über sein Leben in U. Monneret de Villard, *Il libro della Peregrinazione nelle Parti d'Oriente,* 1948.

3 Ricoldo bemerkt, daß die Tataren, die zuerst die Sarazenen gnadenlos getötet und die Christen verschont hatten, Muslime geworden waren *cum invenissent legem largissiman, quae quasi nullam difficultatem tenet nec in credulitate nec in operatione.* Er fand immer noch Spuren einer früheren Vorliebe für das Christentum, aber über die Erfolgsaussichten machte er sich keine Illusionen: *videtur eis quod lex Christianorum sit valde difficilis.* Er stellte auch fest, daß der gegenwärtige Khan von Persien, Argkun (1284–1291), zwar ein Freund der Christen, aber, im Gegensatz zu seinem Vater und Großvater, ein *homo pessimus in omni scelere* war (*ibid.*, S. 121).

4 *Ibid.*, S. 123.

5 »Positio eorum de Christo si subtiliter inspiciatur, totum misterium Incarnationis evacuat, et de Christo fere idem sentiunt quod Sarraceni« (S. 128).

6 Der überraschendste Zug an Ricoldos Loblied auf die sarazenischen Tugenden ist, daß jede Anspielung auf sexuelle Freizügigkeit fehlt – sonst ein Lieblingsthema der meisten abendländischen Autoren. Im Gegenteil, er behauptet, daß er die ganze Zeit, die er in Persien war, nie ein Tändellied *(cantum vanitatis)* hörte, sondern nur Lieder zum Lobe Gottes, des Gesetzes und des Propheten *(cantum de laude Dei et de commendatione suae legis et sui prophetae)*. All diese Tugenden jedoch – *sollicitudo ad studium, devotio in oratione, misericordia ad pauperes, reverentia ad nomen Dei et prophetas et loca sancta, gravitas in moribus, affabilitas ad extraneos, concordia et amor ad suos* – existierten trotz der Torheiten ihres Glaubens: *obstupuimus quomodo in lege tantae perfidiae poterant opera tantae perfectionis inveniri.* Es schien so, als ob daran nichts zu ändern sei (S. 131 ff.).

7 Siehe das *Itinerarium Symeonis ab Hybernia ad Terram Sanctam,* Hrsg. M. Esposito (*Scriptores Latini Hiberniae,* IV), 1960.

8 *Liber Peregrinationis di Jacopo da Verone,* Hrsg. U. Monneret de Villard, 1950.

9 Siehe S. 101–106, *ibid.*, für einen Bericht über die *Lex Mahometi* mit ihren vielen merkwürdigen Einzelheiten, die, wie aus dem einleitenden Satz hervorgeht, alle ungünstig sind: *Nunc dicamus de scelerata lege Mahometi, et pauca cum sit omnino abominabilis.*

10 Die Beschreibung Akkas kann als Beispiel dienen: *Dolens et gemens ipsam ingressus sum rememorans ipsam fuisse portum et utile habitaculum Christianorum, nunc autem dirupta et dejecta et sola habitatio serpentium et ferarum.* Zwar blieben die Türme und Paläste stehen, aber sie waren abgesehen von einigen Sarazenen *pessimi et crudeles contra Christianos* unbewohnt (S. 142 ff.). Das Ausmaß des geschäftlichen Ruins läßt sich auf diesen Seiten lebhafter ausmalen als in irgendeinem anderen, mir bekannten Bericht.

11 *Ibid.*, S. 145.

12 Der geistige Motor dieser Initiative war Ramón Lull, der große Mann aus Mallorca (ca. 1235–1316). Er war eine der überragendsten Gestalten in der mittelalterlichen Islamwissenschaft. Fast in jeder Hinsicht würde ihm auf diesen Seiten ein viel höherer Rang gebühren, als ich ihm eingeräumt habe. Ich habe mich zurückgehalten, teils, weil er mit seiner großen Produktion von mehr als zweihundert Werken ein Thema für sich ist, und teils, weil mir in all dieser leidenschaftlichen Kraft ein Zug von Wahnsinn zu stecken scheint, dem ich nicht gerecht werden kann. Er illustriert aber den Wandel von der früheren Periode der rationalen Systematisierung und Hoffnung, von der im letzten Kapitel die Rede war, zu der Ernüchterung der Zeit nach 1290. Lull glaubte fest an die Möglichkeit, Ungläubigen gegenüber die christliche Religion rational beweisen zu können, und daher müsse man die Sprachen und Sitten der Länder studieren, die Europa umgeben, und in ihnen Missionen unterhalten. In all dem ähnelt seine Einstellung der Roger Bacons. Aber während Bacon nach 1268 praktisch verstummt ist, hat Lull die Enttäuschungen seiner späteren Jahre in ätzender Sprache zum Ausdruck gebracht. Seine Anstrengungen wurden im zunehmenden Maße ungestümer, seine Einschätzung von der Größe des Problems immer düsterer, und die offizielle Reaktion auf seine Appelle blieb (mit der Ausnahme des einen Erfolges in Vienne) frostig. Er lebte lange genug, um mitzuerleben, wie sich seine Befürchtungen, die Tataren würden zum Islam bekehrt, erfüllten, und er starb aller Wahrscheinlichkeit nach als Märtyrer. Er brachte auch mit großer Heftigkeit die Reaktion des späten dreizehnten Jahrhunderts und des frühen vierzehnten Jahrhunderts ge-

gen Averroes zum Ausdruck, den er für die Personifizierung des Islam in der Philosophie hielt. – Für die unmittelbare Frage von Lulls Einfluß auf dem Konzil von Vienne, siehe B. Altaner, »Raymundus Lullus und der Sprachenkanon (can. II) des Konzils von Vienne (1312)«, *Historisches Jahrbuch*, LII, 1933, 190–219; und für eine Darstellung von Lulls Leben und Werken, siehe *Histoire littéraire de la France*, XXIX, 1885, 1–386; M. C. Diaz y Diaz, *Index Scriptorum Latinorum medii aevi Hispanorum*, 1959, S. 348–384.
Über Leben, Werk und Einfluß Ramón Lulls kann man aus mehreren neueren Büchern etwas erfahren, vor allem sei verwiesen auf J. N. Hillgarth, *Ramon Lull and Lullism in Fourteenth Century France* (Oxford-Warburg Studies, Oxford, 1971), wo sich viele interessante Hinweise auf islamische Einflüsse finden.

13 Das Thema von der Vernichtung des Averroes durch den Heiligen Thomas von Aquin wird in verschiedenen Bildern aus dem vierzehnten Jahrhundert illustriert; am berühmtesten davon ist »Die Verherrlichung des Hl. Thomas von Aquin« in S. Caterina, Pisa, ca. 1365, u. a. abgebildet in R. Klibansky, *The Continuity of the Platonic Tradition during the Middle Ages*, 1939. Es gehört zu den bemerkenswerten Leistungen Renans, daß er schon 1852 erkannte, welche Bedeutung die künstlerischen Darstellungen für die Geschichte von Averroes' Reputation hatten, und daß er nach diesem Material suchte (*Averroès et l'Averroïsme*, S. 238–249).

14 Dieses Thema wird in einem Aufsatz diskutiert, den ich nicht einsehen konnte: E. Doutté, *Mahomet Cardinal*, 1899. Siehe auch G. Paris, *La Littérature française au moyen âge*, 3. Aufl., 1905, S. 243, 317; und *Romania*, XXXVII, 1908, 262.

15 Siehe M. Letts, *Sir John Mandeville: The Man and his Book*, 1949. Es sei darauf hingewiesen, daß der Boden für Phantasie und Wunder schon von Marco Polo bereitet worden war. *Le livre ... où sont décrites les Merveilles du Monde* versetzt den Leser ja immer wieder in Staunen und Verwunderung.

16 Für die frühe Geschichte dieses Ausspruchs im Abendland siehe M. Esposito, »Una manifestazione d'incredulità religiosa nel medioevo«, *Archivio storico italiano*, ser. 7, XVI, 1931, 3–38. Im Islam kann er bis ins zehnte Jahrhundert zurückverfolgt werden. Sehr viel spricht für die Zuschreibung dieses Ausspruchs an Friedrich II.; aber dieser hatte ihn zweifellos aus einer muslimischen Quelle. Das interessanteste Zeugnis für die geistige Haltung, die in diesem Spruch zum Ausdruck kommt, findet sich in Matthäus von Acquaspartas *Quaestiones Disputatae;* es wird von Esposito zitiert: »Erraverunt aliqui dicentes quod nulla est lex, nulla est fides firma aut stabilis, sed in omni secta quicquid credatur, quomodocumque vivatur, potest obtineri salus, dummodo non abhorreat a consuetudine. ... Istius erroris fuisse Fridericus, qui fuit imperator, qui omnes legislatores reputabat truffatores«.

17 M. Esposito, »Les hérésies de Thomas Scotus«, *Revue d'histoire ecclésiastique*, XXXIII, 1937, 56–69.

18 M. D. Knowles, »The Censured Opinions of Uthred of Boldon«, *Proceedings of the British Academy*, XXXVIII, 1953. Dom Knowles schreibt auf Seite 315: »So far as can be ascertained, this opinion was an original proposition of Uthred, and as such it entitles him to a place in the history of dogma«.

19 Die wesentlichen Werke, in denen er etwas über den Islam zu sagen hat, sind die folgenden: ca. 1375: *De Civili Dominio;* 1378: *De Ecclesia, De Veritate Sacrae Scripturae;* 1379: *De Officio Regis, De Potestate Papae,*

De Eucharistia, De Apostasia; 1381: *De Blasphemia;* 1382: *Dialogus;* 1384: *Opus Evangelicum.* Von seinen undatierten *Polemischen Werken* siehe außerdem die folgenden: *De Fundatione Sectarum; Cruciata; De Christo et suo Adversario Antichristo;* und unter den *Opera Minora: De Fide Catholica; De Vaticinatione seu Prophetia; Ad Argumenta emuli Veritatis.* All diese Werke wurden von der Wyclif Society veröffentlicht, und die Verweise im nachfolgenden beziehen sich auf die Bücher der Society.

20 Wenn er Averroes zitiert, sagt er von ihm: »qui dicitur aliquando fuisse de secta Machometi« (*De Veritate Sacrae Scripturae,* S. 259).

21 *Ibid.,* S. 250–251.

22 Einige der wichtigsten Passagen, in denen diese Ansichten geäußert werden, sind: *De Civili Dominio,* iii, 74; *De Blasphemia,* 48; *De Christo et suo Adversario Antichristo* (Polemische Werke), ii, 672.

23 *Dialogus,* 91.

24 *De Christo et suo Adversario Antichristo* (Polemische Werke), ii, 672; *Ad Argumenta emuli Veritatis (Opera Minora),* 290.

25 *De Veritate Sacrae Scripturae,* 266–267. Siehe auch *Opus Evangelicum,* i, 119.

26 *De Ecclesia,* 517; *De Officio Regis,* 63; *De Fide Catholica (Opera Minora),* 184.

27 *De Blasphemia,* 84; *De Potestate Papae,* 110; *De Fundatione Sectarum* (Polemische Werke), i, 30.

28 *De Veritate Sacrae Scripturae,* 261. Zu diesem Zeitpunkt (1378) stellte Wycliffe die muslimische Unterdrückung der Diskussion immer noch in Gegensatz zur christlichen Freiheit, unter »klugen und ernsthaften Philosophen« zu diskutieren. Aber später schien ihm die Praxis der Kirche nicht besser zu sein als die des Islam.

29 *De Eucharistia,* 118, 157, 286.

30 *De Blasphemia,* 275; *De Apostasia,* 67, wo Wycliffe behauptet, daß die Muslime nicht so *regulariter heretici* seien wie die gottlosen Geistlichen seiner eigenen Zeit; *Opus Evangelicum,* i, 417–418.

31 Wycliffe stellt hier die Kriege von Königreich gegen Königreich im Abendland auf die gleiche Ebene wie die Kriege von sogenannten Christen gegen die Sarazenen (*Opus Evangelicum,* i, 114).

32 *De Fide Catholica (Opera Minora),* 112.

35 Thomas Gascoigne, *Loci e Libro Veritatum,* Hrsg. J. E. Thorold Rogers, 1881, S. 102–103. Dieser Auszug stammt wahrscheinlich aus einer Zeit kurz nach 1450.

34 Johannes von Segovia wurde etwa 1400 geboren; er wurde 1440 vom Gegenpapst Felix V. zum Kardinal ernannt, 1453 zum Titularerzbischof von Caesarea; 1453 zog er sich in die Priorei von Aiton in Savoyen zurück; er starb im Mai 1458. – Nikolaus von Kues wurde 1401 geboren; 1448 wurde er von Nikolaus V. zum Kardinal ernannt; er starb 1464. – Jean Germain wurde um 1400 geboren; 1430 wurde er Bischof von Nevers und erster Kanzler des Ordens vom Goldenen Vlies; 1436 Bischof von Chalon-sur-Saône; er starb 1461. – Aeneas Silvius kam 1405 zur Welt; von 1436 bis 1440 war er Sekretär des Konzils von Basel und von 1440 bis 1442 des Gegenpapstes Felix V.; 1447 wurde er Bischof von Triest, 1450 von Siena; 1456 wurde er Kardinal, 1458 Papst. Er starb 1464.

35 Die wichtigsten Ereignisse seines Lebens, vor allem im Hinblick auf unser Thema, werden skizziert in D. Cabanelas Rodríguez, *Juan de Segovia y el problema islámico,* 1952. Für seine Beziehungen zu Nikolaus von Kues und für die Antwort des letzteren auf seine Vorschläge, der

islamischen Gefahr zu begegnen, siehe R. Klibansky und H. Bascour, *Nicolai de Cusa De Pace Fidei* (*Mediaeval and Renaissance Studies,* III, Ergänzungsband), 1956.

36 *Historia gestorum generalis synodi Basiliensis,* in *Monumenta Conciliorum generalium saec. XV,* Bde. II–IV.

37 Die Übersetzung ist verlorengegangen, aber die Vorrede dazu, in der Johannes von Segovias Ziele und Schwierigkeiten erläutert werden, ist erhalten geblieben und abgedruckt in D. Cabanelas, *Juan de Segovia,* S. 279–302.

38 Ich bin Dom Bascour, Dr. Klibansky und Mlle. M. T. d'Alverny für ihre Freundlichkeit, mir von den vier existierenden Manuskripten von Johannes von Segovias Brief Mikrofilme zu verschaffen, zu Dank verpflichtet (Universität Salamanca MSS. 19, pars ix, foll. 1–17, und 55, foll. 126–156; Vatikan MS. Lat. 2923, foll. 4–35; Paris, Bibl. Nat. MS. Lat. 3650, foll. 1–37). Die Inhaltsangabe und der Schluß des Briefes sind abgedruckt in D. Cabanelas, S. 303–310.

39 Dieses Wort *contraferentia* scheint bei keinem anderen Autoren vorzukommen, und es wurde wahrscheinlich von Johannes von Segovia geprägt, um das in Aussicht genommene Zusammentreffen feindlicher Parteien von den freundschaftlichen, ursprünglich monastischen Begegnungen zu unterscheiden, die mit den Wörtern *»conferentia«* und *»collatio«* assoziiert wurden. Die Geschichte des Wortes *»conferentia«* verdient eine ausführlichere Untersuchung.

40 Für Nikolaus' Bericht über sein Interesse an dem Thema seit etwa 1435, siehe seine *Cribratio Alchoran,* in der Ausgabe seiner Werke, Basel, 1565, S. 879–880.

41 Dieses bewundernswürdige Beispiel historischer Argumentation steht in seinem *De Concordantia Catholica,* iii, 2, Hrsg. G. Keller, 1959, S. 328 bis 337, wo sich weitere Verweise finden.

42 *Epistula ad Joannem de Segovia,* in Klibansky und Bascour (oben, Anm. 35), S. 97.

43 In der Basler Ausgabe von 1565 auf S. 879–932.

44 Für Jean Germain siehe G. Doutrepont, *La Littérature française à la cour des Ducs de Bourgogne,* 1909, wo seine Werke diskutiert werden; siehe auch Ch. Schefer, »Le discours du voyage au très victorieux roi Charles VII prononcé, en 1452, par Jean Germain, évêque de Chalon«, *Revue de l'Orient latin,* III, 1895, S. 303–342.

45 *Ibid.,* 342.

46 Johannes von Segovias Brief, der vom 18. Dezember 1455 datiert ist, ist abgedruckt in D. Cabanelas (oben, Anm. 35), S. 325–328; die Antwort vom 26. Dezember steht auf S. 329–330.

47 Dieser Brief scheint nicht erhalten zu sein; aber es gibt eine sehr umfangreiche Antwort von Johannes von Segovia in Vatikan MS. Lat. 2923, foll. 40–136, die von D. Cabanelas, S. 197–223, analysiert wird.

48 Jean Germain hatte im Vorwort zu seinem 1450 verfaßten *Dialog zwischen einem Christen und einem Sarazenen* darauf hingewiesen (Schefer, S. 303, und Doutrepont, S. 247).

49 Siehe insbesondere sein *Deux pans de la Tapisserie Chrétienne,* 1457, in dem geschildert wird »la conduyte et maniere comme les loyaulx chrestiens militans, pelerins et chevalereux conquerans doivent tendre à triumpher«. Für eine Beschreibung des Werkes siehe Dautrepont, S. 252.

50 Für Johannes von Segovias Brief an Aeneas Silvius siehe D. Cabanelas, S. 343–349. Vatikan MS. Lat. 2923 ist wahrscheinlich das Manuskript von Abhandlungen, das diesem Brief beigefügt war (*ibid.,* S. 232 n).

51 Außer den alten Ausgaben gibt es eine neue Edition des Briefes von

G. Toffanin, *Pio II: Lettera a Maometto II,* 1953. Die Verweise im nachfolgenden beziehen sich auf diese Ausgabe.

52 Toffanin, S. 110.

53 *Ibid.*, S. 113–114.

54 Ich fasse hier das Argument von S. 125–129 zusammen. Der Übergang von den politischen zu den religiösen Argumenten erfolgt sehr geschickt, indem er das Beispiel von Herrschern und Philosophen der Antike anführt, um die Kluft zwischen dem Glanz der Welt und der Armut der Evangelien zu überbrücken. Dieser forensischen Gewandtheit kann kein Resümee gerecht werden.

55 »Quaerimus ex te, magne princeps, si te iudice duo rationum codices afferantur, quorum alter ex altero transcriptus existat, et in eo de quo est facta transcriptio ›Sempronius mille debere talenta‹ scriptus est; in exemplari ›duo millia‹. Cui potius fidem dabis? Aut non exemplo potius quam examplari? ... Rursus ex te quaerimus: quator inveniuntur rationum libri apud quatuor negotiatores, Seium, Gaium, Titium et Sempronium. In quo quem Sempronius producit ›creditor ipse Lucii in centum talentis‹ scriptus invenitur; in aliis ›debitor‹. Cui credes? Quid respondebis? An non tres libros uni praeferres?« (S. 158–159).

56 *Ibid.*, S. 165–166.

57 *Verlegung des Alchoran, Bruder Richardi Prediger Ordens, verdeudscht, durch D. Mar. Lu.*, Wittenberg, 1542. In Luthers Vorrede wird mehrfach auf seltsame Weise illustriert, wie niedrig der Stand der islamischen Studien war, und welch kurzlebige Wirkung die Werke des vorangegangenen Jahrhunderts gehabt hatten. Er sagt, er habe vor langer Zeit Ricoldos Buch gelesen, aber seiner Behauptung, daß Menschen solche Narrheiten glauben können, nicht geglaubt. Er habe es einfach für ein weiteres Beispiel für die Phantasien des päpstlichen Aberglaubens gehalten. Er wollte den Koran lesen, konnte aber keine lateinische Übersetzung finden. Dann fiel ihm am Faschingsdienstag des Jahres 1542 eine Übersetzung in die Hände, und er begriff sofort, daß Ricoldo die Wahrheit gesagt hatte. Daraufhin übersetzte er Ricoldos Werk ins Deutsche.

58 »Denn es bezeuget auch dieser Richard, das die Mahometischen nicht zu bekeren sint, aus der Ursache, sie sind so hart verstockt, das sie fast alle unsers Glaubens Artickel spotten und hönisch verlachen, als werens Nerrische, von unmüglichen dingen gewesche« (fol. B).

59 fol. Aiiii^{v}.

60 »Und ich halt der Mahmet nicht fur den Endechrist. Er machts zu grob ... Aber der Bapst bey uns ist der rechte Endechrist, der hat den hohen, subtilem, schönen gleissenden Teuffel. Der sitzt inwendig in der Christenheit« (fol. X).

61 »Sollen wir nu gluck haben wider den Mahmet, den eusserlichen Feind der Christenheit, so werden wir zuvor müssen dem inwendigen Feinde, den Endechrist, mit seinem Teuffel absagen, durch rechtschaffene Busse ...« (fol. Xiii).

62 Wie Wycliffe sah auch Luther die Islamisierung des Abendlandes in den typischen Produkten des Mittelalters: »Und zwar ists nicht viel besser bey uns Christen auch gangen. Denn da sind so viel Lugen in unsern Alcoranen, Descretalen, Lugenden, Summen und unzelichen Buchern, da doch niemand weis woher sie komen, wenn sie angefangen, wer die Meister seien« (fol. V). Ebenso hatte die mittelalterliche Kirche ihre Ähnlichkeit mit dem Islam dadurch bewiesen, daß sie rationale Untersuchung mit der Begründung »non potest omnium ratio reddi« ablehnte (fol. V^{v}).

Namen- und Sachregister